E´Lassa

Yippijayeah

W0171727

Artha

E´Lassa

Yippijayeah

Artha

ISBN 978-3-89575-188-2
1. Auflage
Copyright by Artha Verlag
D 87466 Oy-Mittelberg

Umschlag & Gestaltung:Sonja Fischer
Lektorat:Sonja Fischer
Layout: Sonja Fischer / Bild: www.dreamstime.com
Internet Verlag: www.artha.de
Druck: Steinmeier, Deiningen

Inhaltsverzeichnis

Einleitung

Ich sitze hier in einem Hotel in Kufstein, draußen ist alles grau in grau. Es gab sogar ein Gewitter, welches die schwüle Luft erheblich erfrischt hat. Es ist Donnerstagabend, ab morgen bin ich wieder ein Wochenende lang auf einer Messe in Kufstein, und was soll ich euch sagen: ich kann es noch gar nicht fassen, dass ich jetzt schreibe.

Jetzt wirst du denken: das ist doch nichts Spektakuläres! Oder? Oh doch, ist es! Und wie! Ich habe mich nämlich die letzten 5 Jahre erfolgreich davor gedrückt dieses Buch zu schreiben. Seit 5 Jahren fragen meine Kunden nach einem Buch von mir. Vor drei Jahren bekam ich von der Geistigen Welt die Aufforderung ein Buch zu schreiben. Tja, und seit ungefähr einem Jahr spricht mich so ziemlich jeder darauf an. Ich wollte ja auch schreiben, doch irgendetwas hat mich blockiert. Ich hatte tausend Ausreden nicht anfangen zu müssen.

Auf der letzten Messe bin ich dann das Thema „nicht schreiben wollen" angegangen und war bei einem Messekollegen, der mir dabei helfen sollte diese Blockade zu lösen. Und dabei sind wir auf etwas sehr interessantes gestoßen!

Als Kind war ich etwas anders als andere. Laut meiner Mutter war ich vorlaut und hatte immer das letzte Wort. Ich hatte sehr viel zu erzählen, doch es interessierte sich außer meiner Oma niemand dafür. Im Gegenteil, ich bekam oft Strafen dafür, dass ich nicht den Mund gehalten habe. Und irgendwie verstand mich auch nie jemand richtig, außer meiner Omi. Ich hielt es dann irgendwann für besser meinen Mund zu halten. Kennst du das? Was dann aus mir wurde erzähle ich dir im nächsten Kapitel.

Das Resultat war jedoch, dass mein inneres Kind keine Lust mehr hatte, etwas zu erzählen. Das ist leider lange Zeit so geblieben. So nach dem Motto: Als ich klein war, hat sich doch auch niemand für mich und das was ich zu sagen hatte interessiert. Warum JETZT? Jetzt hab ich keine Lust mehr.

Ich habe aber zum Glück bemerkt, dass ich inzwischen Erwachsen bin und habe das meinem inneren Kind auch schonend beigebracht. Die kleine Biggi (so nannten mich als Kind und in meiner Jugend alle) in mir darf ruhig schmollen, traurig oder wütend sein, spielen, rumtollen und sich freuen. Die Erwachsene Birgit **E'Lassa** (diesen Namen bekam ich in einer Ausbildung, er bedeutet „Die Mutige") hat aber auch begriffen, dass es vielen Kindern bzw. Menschen so ging oder geht wir mir. Deshalb habe ich nun meinen ganzen Mut zusammen genommen und hoffe, dass ich mit diesem Buch dem einen oder anderen die Augen öffnen und eine andere Sichtweise der Dinge aufzeigen kann.

In diesem Buch wird es um Zahlen gehen. Ich zeige dir, dass jeder Mensch einen bestimmten Code in sich trägt, den er sich zu Nutze machen kann. Es wird um Indigos gehen - die Kinder der neuen Zeit. Aber auch um Lemurien und um „unsere Zukunft". Vor allem aber darum, wie all diese Dinge zusammenhängen und was ich oder du damit zu tun haben.
Ich habe für dieses Buch die Du-Form gewählt. Nicht weil ich keinen Respekt vor dir habe, sondern weil du mir nicht fremd bist. Weil wir alle eins sind, oder zumindest sein sollten.

Des Weiteren schreibe ich über viele Hilfsmittel, wie Übungen, Affirmationen usw. welche ich selbst in meinen Ausbildungen und durch Bücher gelernt habe. Zu diesen Hilfsmitteln gehören auch die **Lichtkristalle, die Kristalle aus der Wirklichkeit**! Lichtkristalle sind keine Kristalle wie jetzt z.B. ein Rosenquarz oder so. Sie sehen hier bei uns auf der Erde aus wie ein Symbol. Es sind jedoch keine Symbole, dort wo sie herkommen - nämlich der Wirklichkeit (wir leben in der Realität) - haben sie ihre eigene Form (Körper), ihre eigene Ton-, Farb- und Zahlenschwingung. Das heißt, wenn man mit diesen Lichtkristallen arbeitet, ist das, wie wenn man das Wesen dieses Kristalls zu sich ruft. Dieses hilft dann ganz wertungsfrei bei dem jeweiligen Thema, um das es geht. Lichtkristalle sind auch Teile der universalen Lichtsprache ARI SO AM. Alle Worte, die mit einem Sternchen (*) versehen sind, sind die Namen der Kristalle in Lichtsprache.

Am Ende dieses Buches beschreibe ich die Lichtkristalle ganz genau in einem eigenen Kapitel, das heißt, du kannst dort die Kristalle und deren Namen nachschlagen, welche ich immer wieder in den anderen Kapiteln erwähne.

Vieles was ich hier schreibe wird sich wie ein Märchen anhören. Doch es sind alles Dinge, wie ich sie erlebe oder erlebt habe. Es ist meine Wirklichkeit, aber vielleicht auch deine. Sei skeptisch, stelle in Frage und glaube mir nicht alles. Nimm dir das aus dem Buch heraus, mit dem dein Herz in Resonanz geht.

Mein Ziel ist es dich zum Denken anzuregen, dir neue Sichtweisen aufzuzeigen und dich durch diese zu dir selbst zu bringen.
Meine Worte kommen aus meinem Herzen und ich hoffe, dass ich damit dein Herz berühre!

In Liebe (ELEXIER*) und Dankbarkeit (AN'ANASHA*)

E'Lassa
(Birgit Günzer)

Mein Leben

WIE ALLES BEGANN

Ich habe am 26.11.1969 in der Universitätsstadt Tübingen das Licht der Welt erblickt und war - laut meiner Mutter - ein Kind das immer und überall seinen Dickkopf durchgesetzt hat. Das tat ich wohl schon bei meiner Geburt. Ich kam nämlich mit noch nicht mal ganz 2000 Gramm zur Welt und setzte mir in den Kopf, dass ich auf jeden Fall da bleiben möchte. Dies konnte ich lange Zeit nicht verstehen. Wenn ich damals schon gewusst hätte was da alles auf mich zukommt, hätte ich es mir vielleicht doch noch mal überlegt.

Mein Start hier war nicht unbedingt so wie ihn sich eine kleine Seele auf der Erde vorstellt. Aus Erzählungen meiner Familie weiß ich, dass ich mehr oder weniger kurz nach meiner Geburt von meiner Mutter getrennt wurde, da sie sehr schwere Wochenbettdepressionen hatte. Dadurch, dass ich unter 2000 Gramm wog, kam ich sofort in die Kinderklinik und wurde dort aufgepäppelt, was dann zur Folge hatte, dass ich mit etwas über 2000 Gramm endlich zu meiner Mutti kam und sie mich mit nach Hause nehmen konnte. Und erst mal war alles gut.

Ich hatte im Prinzip eine Bilderbuchkindheit. Da war Mama und Papa, aber auch mein heiß geliebter Opa und meine geniale Omi. Wir waren oft im Urlaub in Italien. Papis Wurzeln liegen in Italien und ich liebte dieses Land und die Menschen dort. Ich liebe es immer noch sehr und meine Arbeit bringt mich doch immer mal wieder dort hin.

MEINE GROßELTERN

Hier, an dieser Stelle, möchte ich euch etwas über meine Großeltern erzählen, welche mich unwahrscheinlich geprägt haben, da ich sehr oft bei ihnen war, im Prinzip dort groß geworden bin.

Mein Opa war mein allergrößtes Vorbild. Ein Mensch, der gerne gearbeitet hat. Er war Dekorateur mit Leib und Seele. Er hat es förmlich

10

gelebt. Er war immer fröhlich, spaßig und hat sich nie Kummer oder Schmerz anmerken lassen. Er war ein Engel, das weiß ich heute. Und er hat mich so genommen wie ich nun mal eben war.

Den Spruch „Lach, wenn´s zum heulen nicht reicht" flüstert er mir heute noch ins Ohr, wenn es mir nicht so gut geht.

Von meinem Opa bekam ich ein Kartenspiel. Auf diesem Kartenspiel waren Zahlen aus Tieren.

Eine 2 war ein Schwan und die 4 ein Flamingo der sein Bein anzog usw. Dieses Kartenspiel liebte ich, weil sich bei mir sowieso immer alles um Zahlen drehte. Ich konnte mir damals jede Telefonnummer merken, fast schon besser als die Namen, die zu den Telefonnummern gehörten. Am liebsten hätte ich wohl alles in Zahlen ausgedrückt. Ich weiß nicht was gewesen wäre, wenn ich nicht unsere Sprache gelernt hätte, woran mein Opa nicht ganz unbeteiligt war. Vielleicht hätte ich dann zu meiner Mama „Eins" und zu meinem Vater „Zwei" gesagt, wer weiß. Ein Haus war schon immer eine „Vier" bei mir. Zahlen waren auf jeden Fall sehr präsent und wichtig für mich. Ich habe irgendwie alles in Zahlen gesehen.

Tja, und dann war da noch Omi. Meine Oma war unbeschreiblich. Sie war in jungen Jahren Opernsängerin, hat Klavier gespielt und kannte sich mit Kräutern aus wie keine andere. Machte Salben und Liköre, Holundersaft und was weiß ich nicht alles. Sie hatte es sich zur Aufgabe gemacht, mir das alles auch beizubringen. Heute bin ich ihr da sehr dankbar dafür.

Auch sie war ein Engel. Sie war die Einzige mit der ich über meine Engel und unsichtbaren Freunde reden konnte. Sie hielt mich nicht für verrückt, wenn ich irgendetwas behauptet habe und das dann auch noch eintraf. Nein, sie war nämlich genau so wie ich. Auch sie hatte den Zugang zur Geistigen Welt. Und sie konnte es genauso wenig nach außen leben wie ich, weil man ihr genauso wenig glaubte.

Sie brachte mir das Beten, bzw. Bitten bei. Und auch das Danken! Sie hatte immer ein Ohr für mich, wenn man mich in der Schule wieder verspottete, weil die Kinder Angst vor mir hatten. Naja, man macht sich nicht unbedingt Freunde, wenn man dem Tischnachbarn voraussagt, dass die Note, welche er gleich bekommt, keine Gute sein wird.

Meine Großmutter verstand mich und sie lehrte mich sehr viele Dinge über „Gott und die Welt", über Dinge die man sieht und auch die man nicht sehen kann, über das Wunder der Pflanzenwelt und ihre „Zauberkräfte" und über Heilung, die aus dem Herzen kommt.

In ihrem Regal befanden sich Bücher in Geschenkpapier eingewickelt. Natürlich wollte ich genau diese Bücher immer lesen. Doch Oma sagte immer, dass ich dafür noch zu jung wäre und dass ich sie dann bekomme würde, wenn die Zeit dafür reif sei.
Irgendwann war endlich der Zeitpunkt gekommen und sie überreichte mir **ein** Buch. Dieses Buch gibt es heute nirgends mehr zu kaufen. Der Titel ist „Der automatische Geistesbefehl!" Von diesem Tag an war dieses Buch wie eine Bibel für mich und hat mein Leben gravierend beeinflusst.

Meine Omi wurde immer älter und kam in ein Pflegeheim. An einem Abend saß ich auf meinem Sofa zu Hause vor dem Fernseher, als ich das Gefühl hatte, dass eines meiner Kinder hinter mir stehen würde. Ich drehte mich um, doch es war keiner da, alle schliefen tief und fest. Als ich mich wieder nach vorne drehte spürte ich wieder diese Präsenz hinter mir und es fühlte sich an als wenn jemand seine Hand auf meine Schulter legen würde. Eine unwahrscheinliche Liebe durchströmte mich.
In diesem Moment wusste ich, dass es meine Oma war, welche mich noch einmal besuchte, bevor sie ging. Eine halbe Stunde später rief mich meine Mutter an. Noch bevor sie anfing zu sprechen meinte ich nur zu ihr: „Ja, ich weiß Mutti, Oma ist tot, sie hat sich gerade von mir verabschiedet. Sei nicht traurig, sie ist nun immer bei dir und es geht ihr jetzt richtig gut. Und außerdem hat sie Opa wieder."

Bei ihrer Beerdigung hat sie sich noch einmal auf unbeschreibliche Art und Weise verabschiedet. Ich stand mit meinem Onkel etwas Abseits. Wir mochten das ganze kirchliche Zeugs nicht so und hatten damals schon unsere eigenen Meinungen, die sich sehr ähnlich waren. Obwohl ich im Kindergarten von Nonnen erzogen worden bin (wovon ich zwei von Herzen liebte) und jahrelang im Kirchenchor gesungen habe. Also, Onkelchen und ich standen da so und beobachteten das Ganze. Es war ein sonniger, recht schöner Tag. Kein Wölkchen war am Himmel und es war schon fast windstill. Etwas weiter weg waren einige große Bäume, ich weiß nicht mehr was es für Bäume waren, Laubbäume jedenfalls. Mit einem Mal wirbelte um uns herum ein Wind, stäubte die Blätter hoch und diese großen Bäume fingen an sich ein paar Mal hin und her zu wiegen. Wie, wenn sie winken würden. Und mit einem Mal war wieder alles ganz ruhig, wie wenn nichts gewesen wäre. Mein Onkel und ich schauten uns an und dachten beide dasselbe: Ja, ich habe es auch bemerkt.

Als meine Großeltern beide tot waren, fühlte ich mich ziemlich alleine hier auf der Erde, weil es wirklich die Einzigen waren, bei denen ich so sein durfte wie ich bin.

Nachdem meine Omi bereits ein paar Jahre tot war, hatte ich plötzlich ihre Stimme im Kopf, die mich an ihre restlichen in Geschenkpapier eingeschlagene Bücher erinnerte.
Die Zeit sei nun reif, sagte die Stimme, und ich sollte die Bücher bei meiner Mutter abholen. Als ich endlich die lang ersehnten Schätze vor mir sah, staunte ich nicht schlecht.
Alles Bücher über Geistheilung, Telepathie, Kräuter. Bücher über Themen, wofür man ja - übertrieben gesagt - noch fast verbrannt worden wäre, in der Zeit in der Oma jung war. Deshalb auch das Geschenkpapier drum herum.

DIE NICHT SO SCHÖNEN SEITEN

Ich wurde älter und aus dem oben erwähnten „Tierzahlenkartenspiel" wurden später als Teenager Tarotkarten. Ich beschäftigte mich noch nicht mal allzu sehr mit den Bildern darauf, nein, auch hier sprachen mich doch immer wieder hauptsächlich die Zahlen an. Und so wie andere den Zugang zu den Bildern haben und diesen etwas mitteilen, sprachen die Zahlen der Karten zu mir. Ich fand das total spannend und fing an für Freundinnen Karten zu legen, wenn diese ein Problem hatten. Doch mit der Zeit wurde es langweilig, weil die Karten immer die selbe Lösung aufzeigten, welche ich kurz vorher der Person bereits prophezeit hatte. Also ließ ich bald davon ab und versuchte es mit Pendeln. Auch das war anfangs total interessant, doch ich bemerkte bald, dass ich mit meinen Gedanken mein Pendel beeinflussen konnte.

Ich habe früher dann auch sehr gerne gelesen. Ich kann mich noch ganz genau daran erinnern wie ich als junges Mädchen ein Buch hatte, bei dem es um Telepathie ging. Es war ein Jugendroman und eine Tante von irgendeinem Mädchen in diesem Roman half der Polizei mit ihren Fähigkeiten als Seherin. Und diese Tante brachte dem Mädchen bei, wie man sich telepathisch unterhält, was das Mädchen mit ihrem Freund dann auch ausprobierte. Diese Geschichte faszinierte mich und ich habe es damals genau so gemacht, wie in diesem Roman und wollte meinem Bruder etwas telepatisch übermitteln. Es hat sogar funktioniert. Ich bemerkte, dass das ganz einfach ging und ich bemerkte auch, dass ich damit Menschen manipulieren konnte. Was ich auch merkte war, dass ich mich jedes Mal unwahrscheinlich mies fühlte. Also ließ ich auch das wieder.

Es kam eine Zeit, da wollte ich eigentlich nur noch ganz „normal" sein. Ohne diese Fähigkeiten, einfach ein ganz normales Mädchen. Ich wollte nichts mehr mit diesem ganzen Esokram zu tun haben.
Ich lebte meine Jugendzeit, machte Musik, war Sängerin in einer Coverband und war sehr viel mit Musikern unterwegs. Zusätzlich war ich im DLRG Rettungsschwimmerin und unterrichtete kleine Kinder im schwimmen. Ich tanzte, Standart und Lateintänze. Unterrichtete mit meiner Tanzlehrerin an Schulen. Gleichzeitig verdiente ich mir neben der Schule Geld, damit ich mein Tanztraining bezahlen konnte. Tanzen ist ein teurer Sport für mich und meine Familie gewesen. Deshalb habe ich mitgeholfen ihn zu bezahlen. Tanzen war mein Leben, bis mein Knie kaputt ging. Der Arzt meinte: Entweder aufhören oder einmal im Monat zum Spritzen kommen. Nach der ersten Spritze hörte ich auf.
Dann lernte ich Alkohol und Drogen kennen. Erst eine Krankheit meines Bruders - er hatte Lymphdüsenkrebs - hat mich zum Denken animiert. Ich war damals 17 oder 18 Jahre alt und besuchte meinen Bruder im Krankenhaus. Was ich da sah schockierte mich. Da lagen Babys im Brutkasten und hatten Krebs. Ich verstand das nicht. Warum sind die krank? Die haben doch noch gar nichts getan. Ich lebte inzwischen schon ein rechtes Lotterleben mit viel Alkohol und teilweise

auch Drogen und - mir gings gut. Mein Bruder, gerade mal 12 Jahre alt, war immer der Liebe und Nette, hatte nie was angestellt. Warum war er krank?
Was ist das für ein Gott, der so etwas zulässt. Warum diese Kinder? Und auf einmal machte sich etwas breit was schon immer in mir war. Diese Sehnsucht nach einer besseren Welt. Diese Sehnsucht nach Liebe. Wo war diese Liebe?

Mit 20 Jahren erhielt ich mein größtes Geschenk vom Universum. Ich wurde schwanger, mit meinem größten Lehrer, einem Indigo - mein Sohn. Nachdem ich daheim ausgezogen war und mein eigenes Geld verdiente, verließ ich den Vater meines Sohnes, weil er total abrutschte in einen Sumpf aus Drogen und Alkohol. Das wollte ich meinem Sohn ersparen.
Von der Geburt meines Sohnes an kamen fünf Jahre meines Lebens, die ich dir ersparen möchte. In den letzten zwei dieser fünf Jahre habe ich die Hölle auf Erden erlebt, was mir jegliches Vertrauen in die Menschen nahm. Ich erzähle es dir nur in Kurzform.

Ich lernte 1994 einen Mann bei der Arbeit kennen, wir verlobten uns, ich wurde wieder schwanger. Während unserer Partnerschaft bekam ich mit, dass er mit Drogenhandel zu tun hatte und mit der Russischen Mafia. Er erzählte mir jedoch nie etwas davon. Er meinte immer, es sei besser, wenn ich gar nichts wisse. Im Nachhinein war ich froh, dass ich nichts wusste. Er verschwand als ich an Weihnachten 1995 in der Klinik lag. Ich wurde mit wahnsinnigen Schmerzen in die Klinik eingeliefert und erfuhr, dass ich mit Zwillingen schwanger war. Danach hatte ich einen Blutsturz und verlor fast beide Kinder. Doch alles ging gut. Als ich entlassen wurde fehlten in meiner Wohnung sämtliche Wertgegenstände. Ich zeigte ihn an und erfuhr, dass ich es hier mit einem Schwerverbrecher zu tun hatte und bekam Polizeischutz. Er starb nach einer Operation als ich in der 26. Schwangerschaftswoche war. Ich war froh und unglücklich zugleich. Mit den Erlebnissen und Ereignissen dieser fünf Jahre könnte ich ein Buch füllen, einen Kriminalroman.
An seiner Beerdigung bekam ich einen Nervenzusammenbruch, kam sofort in die Klinik und musste dort ganze drei Monate bleiben. Nach Hause kam ich mit 2 supersüßen Zwillingsmädchen (zwei Samen aus fernen Welten).

Heute weiß ich, dass er uns verlassen hatte um uns zu schützen. Nach seinem Tod hatte ich noch viele Male Kontakt mit ihm. Und alles was passiert war hatte seinen Grund.

Ich wurde aufgefangen von dem Vater meines jüngsten Sohnes, der 1998 in mein Leben platzte. Ja, wirklich platzte, denn ich wollte auf keinen Fall noch ein Kind. Doch trotz Pille kam diese kleine Seele. Ein Kristall voller Liebe und Wärme.

Als der kleine Kristall 4 Jahre alt war, trennte ich mich von seinem Vater. Es passte einfach nicht mehr. Ich suchte immer noch diese nicht greifbare Liebe und fand sie nirgends.

Es folgte eine Zeit mit schwersten Depressionen. Ich konnte nicht mehr, sah keinen Sinn, hatte keine Liebe mehr, nur vier Kinder und war alleinerziehend. Das war alles zu viel. Doch auch in diesem Lebensabschnitt hatte alles seinen Grund!

Meine Kinder, diese lichtvollen Wesen, haben mich davor bewahrt dieses Spiel hier auf der Erde vorzeitig abzubrechen. Durch die Depressionen kam ich zu Reiki. Der 1. Grad zeigte mir meine Depressionen ohne Schonung, der 2. verhalf mir, wieder Freude im Leben zu sehen und brachte mich wieder in die Arbeitswelt. Ich wollte Menschen helfen, also machte ich mich Selbständig und half Menschen beim Putzen, Einkaufen und im Haushalt. Als ich dann so richtig im Leben stand und alles wieder auf der Reihe hatte, wurde ich schon wieder krank.

Es fing mit einem positiven Rheumafaktor an und endete mit üblen Schmerzen in allen Gelenken und keiner konnte erklären warum, da der positive Rheumafaktor wieder verschwunden war.

Ich musste, bzw. durfte von heute auf morgen meinen Job an den Nagel hängen und war ans Haus gebunden. Die Welt brach fast für mich zusammen. Dann bekam ich von einer Freundin ein Buch über Numerologie geschenkt und ich erinnerte mich wieder an meine Zahlen. Ich fing an das Buch zu verschlingen und fand es faszinierend, dass da jemand die Zahlen genau so sieht wie ich es auch tue. Ich fing an noch mehr Numerologiebücher zu lesen, weil ich noch mehr wissen wollte. Doch zu meiner großen Enttäuschung las ich in jedem Buch immer wieder Dinge, die ich schon kannte. Nun lernte ich die Zahlen sinnvoll anzuwenden, mit ihnen zu rechnen, auf Buchstaben umzulegen, usw.

Als ich das in mir wieder entdeckt hatte war nichts und niemand mehr vor mir sicher. Ich rechnete und deutete wild in der Gegend umher bis schließlich die Menschen zu mir kamen, um Dinge von mir berechnet zu bekommen.

Eine neue Aufgabe ward gefunden und sie machte mir sehr viel Spaß. Und was das größte Wunder war - mir ging es gesundheitlich wieder wunderbar. Mein Onkel Uwe, welcher auch Numerologe war (er starb im November 2005 und war einer meiner größten Lehrer), gab mir immer wieder einen Stups und ermunterte mich mit den Zahlen weiter zu arbeiten. Er war der einzige Mensch mit dem ich so richtig über Zahlen diskutieren konnte und er erinnerte mich an Atlantis und Lemurien.

Ein Jahr bevor er starb besuchte ich ihn auf einer Esoterikmesse, bei welcher er Vorträge hielt und war abends mit ihm und anderen Ausstellern essen. Alles sehr interessante Menschen, die so viel wussten und so tolle Dinge machten. Es war beeindruckend. Geradezu überwältigend.
Als einer der Anwesenden meinen Onkel nach irgendeiner Zahl fragte, gab er die Frage an mich weiter und ich wäre am liebsten in ein Loch gekrochen. Doch ich beantwortete die Frage einfach mit dem, was spontan aus mir raus kam. Als wir uns verabschiedeten, nahm er mich in die Arme und meinte „Mädel, lass alles andere bleiben, arbeite mit deinen Zahlen und nächstes Jahr möchte ich dich auf der Messe sehen." Dann ging er - ich sah ihn noch ein Mal als ich ihn nochmal auf einer Messe besuchte (ich hatte mich dann doch noch nicht getraut, selber auf Messen zu gehen). An dem Tag verabschiedete er sich ganz lang und emotional von mir und ich musste ihm versprechen bei meinen Zahlen zu bleiben.
Onkel Uwe, ich bleib dabei!

Gleichzeitig machte ich meine Reikiausbildung weiter und steuerte meine Meistereinweihung an. Ich hielt Vorträge über Numerologie und half meiner Reikilehrerin ihre Reikiabende zu gestalten, fing an, Seminare über unser Energiesystem zu halten.

Die Jahre vergingen und ich begann die Kryonschule, eine Bewusst-heitsschule der Neuen Zeit. Dort lernte ich, dass wir doch alle nur in einer Illusion leben - der Realität - und auf dem Weg sind in eine neue Energie, in eine Neue Zeit - in die Wirklichkeit. Und ich lernte, mich bewusst mit der Geistigen Welt zu unterhalten.

ALLES HAT EINEN GRUND

In der Zeit der Depressionen hab ich gejammert, ich kann dir gar nicht beschreiben wie sehr. Ich hab mich immer gefragt, warum immer ich? Wieso erwischt mich jedes Übel. Ich bin in Selbstmitleid zerflossen und versuchte mehrmals mein Leben zu beenden. Zum Glück waren - wie gesagt - meine Kinder da. Ich konnte sie dann doch nicht alleine lassen.

Irgendwann habe ich begriffen, es waren keine Probleme, es waren eigentlich Geschenke! Durch die ganzen Situationen, die ich erleben durfte, habe ich Erfahrungen gemacht. Tja, und mit jeder Erfahrung kann ich nämlich nun anderen Menschen weiterhelfen. Als ich das begriffen hatte legte ich los.

Heute habe ich meine Fähigkeiten zum Beruf gemacht, reise viel im Inn- und Ausland umher, um den Menschen einen Stups zu geben, um Aufzuwachen, sich selbst zu leben, Sinn zu sehen in dieser Welt. Sinn? Dazu muss ich etwas ausholen und werde dir im nächsten Kapitel eine Geschichte erzählen. Nämlich die Geschichte woher wir kommen und was wir hier zu tun haben.

Wer oder was bin ich?

Vielleicht hast du dir hin und wieder mal Gedanken darüber gemacht, ob das hier als Mensch wohl alles war oder ist. Vielleicht bist du dann auf die Idee gekommen, dass du mehr bist als ein Mensch, so mit Haut und Haaren. Vielleicht bist du auch Energie, bestehst aus verschiedenen Frequenzen. Vielleicht bist du zu Beginn deiner Existenz was ganz anderes gewesen als dieser Mensch, der du heute bist. Und dann noch die Frage: Was soll ich hier eigentlich auf der Erde in diesem Leben? Arbeiten, Geld verdienen, Familie haben, das Geld wieder ausgeben, damit man überleben kann. Hey, ganz ehrlich, das kann nicht alles sein. Da steckt noch was anderes dahinter. Ich erzähle euch jetzt meine Geschichte, vielleicht ist es auch eure, vielleicht ist es auch nur eine Geschichte. Wer weiß, spür in dich hinein, dein Herz wird dir die Antwort geben.

In irgendeiner Nacht in meinem Leben, in der ich mal wieder wie so oft nicht schlafen konnte, lag ich wach in meinem Bett und meine Denkmaschine in meinem Kopf arbeitete auf Hochtouren. Ich machte mir Gedanken darüber wer oder was ich eigentlich bin, weil ich mein ganzes Leben lang immer irgendwie anders war und sowieso immer alles irgendwie anders lief als bei Anderen.
In dieser Nacht quälte mich stetig eine Frage: „Wer bin ich und woher komme ich?"

Ich bat die Geistige Welt mir darauf eine Antwort zu geben. Irgendwann, früh morgens, es war auch noch gar nicht Zeit zum aufstehen und draußen war es auch noch stockdunkel, bin ich aufgewacht, als ich eine unwahrscheinlich mächtige, dunkle und warme wohltönende Stimme vernahm. Ich hatte nicht geträumt. Es war, wie wenn jemand neben mir steht und mit mir spricht und gleichzeitig aber ganz weit weg ist. Ich kann es nicht erklären. Diese Stimme war so mächtig, dass ich mich nicht getraut hatte mich zu bewegen, geschweige denn noch meine Augen zu öffnen. Ich weiß auch nicht mehr alles was sie sagte, doch eins habe ich bis heute nicht vergessen.
Diese Stimme sagte: „ **Mein Kind, dein Zuhause ist Liebe, du bist Licht, lass dein Licht strahlen.**"

Es wurde mir noch mehr erklärt, doch daran kann ich mich nicht mehr erinnern, leider.

Ich habe mich schon seit meiner Kindheit mit der Geistigen Welt und mit unsichtbaren Freunde unterhalten, doch das lief immer telepathisch ab. Diese Stimme jedoch war zu real, das war irgendwie *zu echt*. Und dieser eine Satz hat sich seit her in mein Hirn gebrannt und jedes Mal wenn ich daran denke, weiß ich noch genau wie die Stimme sich angehört hat.

Anfangs konnte ich mit diesem Satz mal überhaupt gar nichts anfangen. Aber garnienichts. Ich - Liebe, so ein Schwachsinn, ich konnte mich ja noch nicht mal selber leiden - und was für ein Licht. Ich bin doch ein Mensch mit Haut und Knochen, was soll da strahlen.

Ich hatte in meinem Freundeskreis schon die eine oder andere Freundin, die ähnliche Fähigkeiten hatten wie ich und somit habe ich mit diesen auch immer mal wieder diese Fragen erläutert. Das Blöde war nur, ich kam irgendwie nie auf eine Antwort mit der ich etwas anfangen konnte. Sie lachten mich immer nur alle aus und sagten „DU fragst mich das, ausgerechnet du? Du weißt es doch eh schon, leb es endlich und lass dein Licht strahlen." Tja und so ließen sie mich immer stehen und ich wusste genauso viel wie vorher. Irgendwann hab ich mich mal damit abgefunden, dass ich **so** keine Antworten bekomme.

Eine meiner Freundinnen machte Rückführungen und in dieser Nacht bettelte ich so lange bis sie endlich nachgab und mit mir eine Rückführung machte.

Ich muss dazu sagen, dass ich nicht allzu viel von Rückführungen halte. Ich sag immer, wir haben hier in dem Leben genug zu tun, was soll ich dann noch mit den Problemen vom vorherigen Leben. In den Fällen, wo man wirklich was auflösen möchte, z.D. eine unorklärliche Angst vor irgendetwas oder so, da kann so etwas sehr hilfreich sein. Wir fingen also an und ich sank tiefer und tiefer, wurde zum Kind, zum Baby, war im Mutterleib und dann war nichts. Danach folgten mehrere Leben im Schnelldurchlauf. In einem davon war ich eine Bedienstete bei einem reichen Herrn, welcher sehr gütig war. Ich hatte auch dort schon vier Kinder. Dann ging ich weiter zurück und ich war eine Priesterin, die Kinder unterrichtete. Priesterin war ich wohl öfter schon in ganz verschiedenen Zeitepochen. Auch Inkarnationen als Mann hatte ich mehrere. Und dann war da nur noch Licht, ganz hell, strahlend weiß und doch irgendwie regenbogenfarben, oder doch weiß? Und warm, und ….ach, einfach herrlich. Ich spürte mich nicht mehr, ich war körperlos, alles war friedlich, so friedlich und es kam mir sooooo bekannt vor. Zuhause! Hier gehöre ich hin! Da bleib ich!

Genau das war der Punkt an dem meine Freundin Schweißausbrüche bekam, weil ich nämlich nicht zurückkommen wollte. Draußen tobte in der Zwischenzeit ein unwahrscheinlich starkes Gewitter, was mich ja überhaupt nicht gestört hat. Wenn ich mich erschrocken hätte, wäre das für meine Seelenanteile nicht wirklich gut gewesen. Dadurch, dass ich jedoch gelernt hatte, z.B. bei Meditationen, die Außenwelt auszublenden, hat mich das überhaupt nicht berührt. Jedenfalls hat sie alles versucht, damit ich endlich zurück kam, was sie dann irgendwann auch hin bekommen hat.

Und jetzt wusste ich endlich was diese Stimme meinte. Dieses Licht war so warm, so wohltuend, es war die Liebe pur. Und von dort bin ich gekommen. Dort bin ich erschaffen worden. Meine Aufgabe ist es dieses Licht an die Menschen weiterzugeben, damit sie diese Liebe wieder in sich spüren. Aber wieso tun sie das alle nicht mehr? Und wie kam es dazu, das wir nun so eine Welt haben mit lauter Krieg, Angst, Traurigkeit und Kummer? Und wieso habe ich jetzt so einen engen Körper und kann mich nicht so schnell bewegen? Fragen über Fragen. Eine beantwortet und was weiß ich wie viele neue, na toll!

Später, in meiner Ausbildung zur Bioenergietherapeutin in der Kryonschule durfte ich mir meine früheren Inkarnationen etwas genauer anschauen. Und so langsam begann das Puzzle Gestalt anzunehmen. Hier kommt nun meine Version zur Entstehung der Menschheit.

Woher wir kommen -
es war einmal

Tja, es war einmal... so fangen irgendwie alle Märchen an und irgendwie steckt in den Märchen doch immer irgendetwas Wahres drin. Ok, ich erzähle euch jetzt mal wie ich die Entstehung der Menschheit empfunden habe.

Irgendwann bin ich, bzw. meine Ur-Essenz, von kosmischen Eltern erschaffen worden. Das heißt ein ganz besonderes Licht mit eigenen Farben, Formen, Tönen und Zahlenschwingungen bzw. Frequenzen wurde erschaffen. Ich weiß auch wer meine Eltern waren. Es waren Melek Metatron und Shakti und sie gaben mir den Namen E'Lassa, was „Die Mutige" bedeutet. Diese Information bekam ich von Sabine Sangitar Wenig, einem Hörmedium, welches die Kryonschule ins Leben gerufen hat. Ich verlasse mich normalerweise nicht auf solche Informationen, doch es fühlte sich für mich so stimmig an.
Ich war also tatsächlich „nur" Licht. Dieses Licht hat sich dann geteilt in ganz viele Lichtfunken und sie begannen sich so zu erfahren. In verschiedenen Dimensionen und auf verschiedenen Planeten zu verschiedenen Zeiten. Und doch passiert alles im Jetzt. Es gibt nämlich eigentlich keine Zeit. Das haben sich die Menschen kreiert.

Heute benutze ich den Namen E'Lassa, um all die Erfahrungen, welche die ganzen Lichtfunken gemacht haben, im hier und jetzt als diesen Menschen, welcher ich jetzt als Birgit Günzer bin, benutzen zu können. Das heißt, wenn ich den Namen E'Lassa benutze komme ich an alles Wissen heran, welche meine restlichen Lichtfunken gemacht haben bzw. machen.
Ein Lichtfunke der mir besonders viel Wissen vermittelt nennt sich in seiner Erfahrung und in der Dimension wo es lebt Lisea - die unendliche Liebe. Lisea ist ein Einhorn und kommt aus der 7. Dimension. Dort gibt es definitiv nur Liebe. Diese Wesen, welche aus dieser Dimension kommen, sind reine Liebe, reine Unschuld und sehen in allem nur Gutes. Und eigentlich war es auch gar kein Einhorn. Es war einfach, Punkt. Als Einhorn hat es sich nur in dieser Welt, bei mir in meiner menschlichen Form, vorgestellt.

Ok, das ist alles nicht so einfach in menschlicher Sprache wieder zu geben. Weil das, was ich da alles erlebt habe, da gibt es eigentlich gar keine menschlichen Worte dafür.

Lisea bekam irgendwann mal etwas von dem Projekt Erde mit. Da soll ein Planet kreiert werden auf dem man dann Materie und so erfahren kann und noch viele Dinge mehr. Es wurden einige Wesen ausgesucht, die bei dem Projekt mitmachen. Das Ziel von diesem Projekt Erde war: Geht es, Wesen in Materie zu kreieren und ihnen einen eigenen Willen zu geben, so dass sie alleine mit dem eigenen Willen zurück zur Quelle (Licht, Liebe) finden?
Es wurden also ganz viel Freiwillige gesucht und wahnsinnig viele meldeten sich. Darunter waren viele Wesen aus ganz verschiedenen Dimensionen und Planeten. Alle wollten sie mitmachen und das Spiel begann. Gott, oder die Allmacht, oder wie ihr das auch nennen möchtet - ich sag jetzt mal der Boss - erschuf also die Welt, unsere Erde.

Wie er das letztendlich getan hat überlasse ich unseren Wissenschaftlern. Jedenfalls gab es irgendwann die Erde mit Wasser, Erde, Luft und Feuer. Ja aus Feuer, so wurde sie im Prinzip erschaffen. Und die ganzen Wesen, die mitmachen wollten kamen auf die Erde. Und wie ging das, dieses auf die Erde kommen, fragst du dich jetzt wohl?
Nun, sie gingen in die Absicht dort zu sein. Erst als Energie. Man konnte sie noch nicht sehen, hören oder so. Sie mussten sich erst an die Materie anpassen. Zu Beginn hatten wir alle noch nicht wirklich einen Körper, wir waren wie Wackelpudding. Doch es war total interessant, das mit der Materie. Nach und nach, das ging allerdings nicht von jetzt auf gleich, wurde aus dem Wackelpudding so was Ähnliches wie heute unser Körper.

Es war eine Entwicklung, die ziemlich lange dauerte. Ziemlich lange heißt übrigens mehrere Tausend, bzw. Millionen Jahre in unserer Zeitrechnung. Doch irgendwann war es so weit. Wir hatten uns so weit entwickelt, dass wir richtige Körper hatten. Damals waren wir noch viel größer als heute. Wir hatten ein richtig schönes Leben. Wir unterhielten uns telepathisch und lebten auch mit Tieren in einer unwahrscheinlich schönen Gemeinschaft. Es gab aus bestimmten Dimensionen auch Wesen, die sich dazu entschlossen, bei diesem Projekt

Erde als Tiere mitzuwirken. Wir haben uns übrigens auch von Fleisch ernährt. Das war wichtig, weil uns das Fleisch ein Stück weit verhalf materiell zu sein.

Es war jedoch ganz anders als heute. Wir haben so in Einklang mit den Tieren gelebt, dass wir sie darum baten uns zu ernähren. Übrigens genauso wie die Pflanzen. Wenn ein Tier sein Einverständnis gab, dann hat man es in einem Ritual zum sterben gebracht. Doch es war im Einverständnis mit dem Tier oder der Pflanze. Ganz bewusst. Nicht wie heute, wo die Tiere gezüchtet werden und ganz einfach umgebracht werden, damit wir ein schönes Stück Fleisch auf dem Teller haben.
Oder hast du dich jemals bei dem Tier bedankt, von dem du gerade das Fleisch isst? Ich glaube, das tun die wenigsten. Oder hast du dich schon einmal bei den Pflanzen bedankt, welche du jeden Tag isst?

Im Jahr 2010 ist ein Film in die Kinos gekommen der hieß „AVATAR". Dort wurde es im Prinzip genau so beschrieben. Dieser Mensch, welcher diesen Film gemacht hat, hat garantiert noch dieselben Erinnerungen wie ich an diese Zeit oder diese Erde. Und ganz viele Menschen fühlten sich unwahrscheinlich berührt von diesem Film. Mich eingeschlossen. So viele Erinnerungen kamen hoch. Diese Erinnerungen, die da hoch kamen, waren Erinnerungen an **Lemuria.**

Lemuria

Das Leben in Lemurien war wunderbar. Es gab nur Liebe, Freude und ein Miteinander. Ich glaube, so würde sich der Mensch heute das Paradies vorstellen. Es war wunderbar, die Seen dort und die Hügel, das Gras, alles hatte irgendwie auch ganz andere Farben als heute. Alles war leuchtender, glitzernder, einfach klarer. Wir hatten wahnsinnig große Mineralien, welche uns sozusagen als Energielieferanten dienten. Die leuchteten immer wunderbar. Da wir uns sehr viel mit diesen „Energielieferanten" beschäftigten gab es auch so etwas wie Krankheit nicht.

Wir hatten riesige Gebäude, welche zwar da waren aber auch doch nicht. Naja, man hat sie zwar gesehen, doch es gab nicht wirklich Türen oder so. Mit der Absicht dort hineinzugehen waren wir im Prinzip schon drin. In diesen riesigen Gebäuden waren unsere Wissenden und haben alles archiviert was wir in dieser Materie so erlebten. Heute nennen wir es wohl Akasha–Chronik. Sie habe alle unseren Erfahrungen dort niedergeschrieben.

Wir hatten auch Kinder, nur lange nicht so viele wie wir heute zeugen können. Wir haben sie nicht wirklich so gezeugt wie heute. Wir hatten noch keinen Sex oder so. Nein, wir haben unsere Energien miteinander vermischt. Wir sind sozusagen verschmolzen und so entstand eine andere Energie. Heute sagen wir Kind dazu. Diese „Kinder" wurden auch von unseren Wissenden unterrichtet. Heute würden wir zu diesen Wissenden „Alte" sagen.
Das Zeitverständnis war natürlich etwas anders als heute. Nun denn, diese Kinder wurden also von den „Alten" unterrichtet, doch nicht so wie heute. Die Kinder wurden gefragt was sie lernen möchten. Dann wurden sie gefragt wie viel Zeit sie dafür haben möchten. Und sie haben sich immer ein Ziel gesetzt, wenn dieses erreicht wurde gab es sozusagen Ferien. Und die Kinder haben damals noch richtig gerne gelernt. Es war ohne Zwang und ohne Bewertung. Sozusagen alle für einen, einer für alle. Das heißt, jeder half jedem beim Lernen bis alle das gesteckte Ziel erreicht hatten. Dann gab es Ferien.

Ich kann mich noch ganz gut an eine Szene erinnern, welche ich in Lemuria erlebt habe. An diese Szene hat mich erst neulich eine sehr gute Bekannte, welche ein wundervolles Geschenkt mit bekam, nämlich ihre Stimme, erinnert. Wir haben zusammen gesungen, Seelengesänge. Und während wir sangen wurde ich wieder nach Lemuria versetzt.

Doch den Wesen wurde mit der Zeit so langsam langweilig. Sie wollten nun die Dualität und trugen diesen Antrag bei Gott vor. Derjenige, welcher für das Projekt Erde zuständig war - und das war und ist auch heute noch Metatron - besprach es nun mit den Erzengeln. Sie haben diesem Vorschlag zugestimmt. Es musste nun aber irgendetwas unternommen werden damit eben diese Dualität zustande kommt. Gott fand das alles übrigens total spannend. Eigener Willen plus Dualität. Ob die Menschen das wohl schafften?

Naja, damit es dann letztendlich zur Dualität kommt haben sie beschlossen es müsse sich ein Erzengel fallen lassen und somit sein Licht erlöschen. Dreimal dürft ihr raten wer das wohl war. Genau, das war Luzifer. Ja, genau **der** Luzifer, nicht der Teufel oder so. Luzifer heißt übersetzt „Der Lichtbringer."
Der hat seinen ganzen Mut zusammen genommen und hat sich dann wirklich fallen lassen und sein ganzes Licht entwich.

Nach langem Fall prallte er mit voller Wucht auf die Erde. Und das hatte verheerende Folgen. Die Erde wurde sogar aus ihrer Umlaufbahn geschmissen. Doch was noch viel schlimmer war, er hat ganz viele Lichtwesen mitgerissen.
Bis dahin waren auf der Erde lauter hohe Lichter. Doch nun wurde diesen Wesen das Licht weggerissen und viele lagen machtlos in der Gegend rum, nahe dem Aufschlagloch. Nur die Wesen in den riesigen Bibliotheken waren energetisch so geschützt, dass sie fast gar nichts mitbekamen.

Metatron und all den anderen Erzengeln war sofort klar - das ging daneben. Metatron wollte alles sofort wieder rückgängig machen, doch dieser Fall hatte zu große Folgen gehabt und es war unmöglich gewesen alles wieder rückgängig zu machen.

Von überall her kamen dann sozusagen „Rettungswesen". Von der Venus, von Sirius, von vielen verschiedenen Planeten und Dimensionen und sie gaben diesen machtlosen „dunklen" Wesen etwas von ihrem Licht ab. Tja, und was soll ich euch sagen, so fing das an mit der Dualität. Von diesem Zeitpunkt hatten fast alle Wesen auf der Erde eine dunkle und eine lichte Seite, doch alle hatten auf jeden Fall Lichtfunken in sich.

Die Wesen stellten schnell fest, dass das wohl doch nicht so eine gute Idee war mit der Dualität. Metatron auch und so kam es zu Plan B. Metatron fragte jeden, ob er denn mithelfen möchte die Erde wieder zu einem Paradies aus Licht und Liebe zu machen .

Viele sagten: „Oh nein, bloß nicht. Wir wollen lieber wieder sofort zurück ins Licht, wir brechen das Projekt Erde ab."
Andere sagten: „ Wir passen auf das Wissen auf, auf die Aufzeichnungen, welche gemacht wurden."
Und wieder andere sagten: „ Ja, oh ja, ich will helfen. Da mach ich auf jeden Fall mit. Das bekommen wir schon wieder hin."

Es wurden jede Menge Verträge geschrieben, wo jeder, der sich dafür bereit erklärt hatte zu helfen, unterschreiben durfte. Es war klar, dass das nicht so einfach werden würde und man wollte vermeiden, dass irgendjemand einen Rückzieher machte. Folglich gab es auch Kleingedrucktes und da stand:

Der Helfer wird nicht geholt, bevor er seine Aufgabe auf der Erde erledigt hat. Erst nach Erledigung und ausreichendem Selbst-Bewusstsein darf er wieder nach Hause.

Ich weiß nicht warum ich das damals unterschrieben habe. Wahrscheinlich war es einfach nur wahnsinnig interessant und spannend. So spannend, dass wir es einfach erfahren wollten.
Doch so fingen dann wohl die ganzen Inkarnationen an, in denen wir Erfahrungen machen durften und langsam unsere Energie wieder nach oben anheben sollten. Erst wenn wir genügend Erfahrungen als Mensch gemacht haben, erst wenn wir in der Lage sind unsere Energie wieder komplett anzuheben und erst wenn alle Planeten-

konstellationen wieder stimmen, dann kommen wir vielleicht wieder dahin, wo wir mal waren. In die Einheit, ins Paradies – nach Lemuria, nach Hause!

Der Weg nach Hause –
Wiederankommen auf der Erde?

Ich erzählte im vorherigen Kapitel, dass nach dem Unterschreiben des Vertrages das „Spiel" mit den Inkarnationen anfing. Und mit den Inkarnationen das Sammeln von Erfahrungen, welche wir dann irgendwann wieder brauchen um die Erde zu dem zu machen was es in Lemuria mal war.

Man musste diese Inkarnationen übrigens nicht unbedingt auf der Erde machen. Viele Seelen haben ihre Inkarnationen auf anderen Planeten wie Akturus, der Venus (ein wunderbarer Urlaubsplanet) oder Sirius (ein wissenschaftlicher Planet mit viel technischem Wissen) gemacht und haben somit ihre Erfahrungen gesammelt. Aber irgendwann kam dann immer der Zeitpunkt an dem sich die Seelen erinnert haben. Sie haben sich an diesen Vertrag erinnert, in dem sie unterschrieben haben ihre Aufgabe auf der Erde zu erledigen.

Nun nehmen wir mal eine Seele, die sich auf einmal wieder an diese Aufgabe auf der Erde erinnert hat. Das Problem war nur, sie kann sich gar nicht mehr daran erinnern, wie man auf die Erde kommt. Es war schon so verdammt lange her, seit sie das letzte Mal auf der Erde war. Also ging sie zu unserem „Big Boss", ihr wisst schon, dem lieben Gott, und fragte ihn: „Du weißt, ich muss wieder auf die Erde, ich habe da noch eine Aufgabe zu erledigen, aber ich weiß gar nicht mehr wie ich da hin komme, was muss ich denn jetzt tun?"

Der liebe Gott antwortete: „Meine kleine Seele, schön, dass du jetzt bereit bist deine Aufgabe anzugehen. Wenn du jetzt wieder auf die Erde möchtest, dann darfst du dir erst mal ein paar Eltern aussuchen. Diese geben dir nämlich deinen menschlichen Körper. Wenn du diese herausgesucht hast, dann darfst du dir einen Namen geben. Dieser Name hat nämlich eine ganz bestimmte Frequenz, eine bestimmte Schwingung. Und diese Schwingung hilft dir dabei, deine Aufgabe auf der Erde besser zu erledigen."

Ok, die kleine Seele ging also los und suchte sich seine Eltern aus. Sie schaute sich die Frauen ganz genau an, bis sie eine fand die ihr gefiel und bei der sie das Gefühl hatte, dass sie bei dieser wichtige Erfahrungen machen konnte. Danach schaute sie sich die Männer an und suchte auch dort solange bis sie einen fand bei dem sie weitere Erfahrungen machen konnte.

Wenn die Zwei noch nicht zusammen waren, glaubt mir, die Seele hat einen Weg gefunden die Zwei zusammen zu bringen. Der schönste Weg wäre natürlich, dass die Zwei sich finden, verlieben, heiraten ein Kind zeugen und alles ist gut. Doch manchmal läuft es eben nicht so. Deshalb kommt es auch vor, dass sich die Seelen nur Eltern zur Zeugung aussuchen und fertig. Das sind dann z.b. One-Night-Stands oder im schlimmsten Fall sogar Vergewaltigungen. Doch es hat alles seinen Grund.

Wenn also diese kleine Seele dann gezeugt wurde, hat sie kurz vor ihrer Geburt der Mama oder dem Papa oder einfach nur einer Person, die besonders gut zugehört hat, telepathisch ihren Namen vermittelt.

Ich habe bei meinen Beratungen schon die tollsten Geschichten über die Namensgebung gehört. Fakt ist, dass sich die Seelen wirklich ihre Namen selbst aussuchen.
Wenn du noch kein Elternteil bist, dann frag doch einfach mal deine Eltern, wenn noch möglich, wie sie zu deinem Namen gekommen sind. Das ist manchmal ganz interessant.
Jedenfalls ist der Name einer der ersten wichtigen Zahlen oder Schwingungen in deinem Leben bzw. deines Zahlencodes. Diese Frequenz, diese Schwingung hilft dir deine Aufgabe zu erledigen.

Die Reise geht weiter

Die kleine Seele weiß nun also wer die Eltern sein sollen, sie weiß auch den Namen, welcher auf der Erde sehr hilfreich sein wird, wegen seiner Schwingung, und geht also wieder zum lieben Gott und berichtet, was sie für sich entschieden hat und fragt dann: „So, und wie geht es jetzt weiter, was muss ich denn jetzt tun?"

Und Gott antwortete: „Jetzt meine liebe, kleine Seele, darfst du dir noch überlegen welche Erfahrungen du auf der Erde als Mensch gerne machen möchtest. Diese Erfahrungen sind für dich sehr wichtig, weil du daraus lernen wirst und du wirst mit dem Gelernten anderen Seelen helfen „nach Hause" zu finden. Das wird unter anderem ein Teil deiner Aufgabe sein. Mit dem Gelernten wird sich auch dein Bewusstsein erweitern und deine Energie wieder erhöhen. Das wiederum verhilft anderen auch ihr Bewusstsein zu erweitern und damit hilfst du den Menschen auf der Erde wieder zu einer höheren Energie zu gelangen, welche nötig ist um wieder in die Einheit zu kommen. Du erinnerst dich daran, was du in Lemurien unterschrieben hast? Das ist ein anderer Teil deiner Aufgabe. Was möchtest du denn gerne für eine Erfahrung machen?"

Die kleine Seele dachte kurz nach und sagte: „Hier, wo wir jetzt sind, ist doch alles Liebe, ich möchte gerne wissen was es auf der Erde heißt zu lieben."

„Autsch," meinte da Gott, „das ist so ziemlich die schwerste Erfahrung die du auf der Erde machen kannst und es ist eine der Erfahrungen, welche verbunden sind mit einer anderen sehr wichtigen Erfahrung, nämlich der Vergebung. Und diese wiederum kannst du nicht alleine machen, dazu brauchst du unbedingt noch eine Seele die dir dabei hilft."

Natürlich fand die kleine Seele eine entsprechende Hilfe. Eine große Seelewar bereit, für sie mit auf die Erde zu kommen.

Nur auf ein Problem war die kleine Seele nicht gefasst - das Vergessen.

Den Schleier des Vergessens bekommen alle Seelen auferlegt wenn sie auf die Erde zurückkehren, damit sie besser Erfahrungen machen können. Naja, wenn sie wüssten das sie aus der Liebe stammen und alle eins sind wäre das Projekt Erde ja sinnlos. Vor allem würde keine Seele als Mensch lange auf dieser Erde bleiben wollen. Doch manchmal kommt es vor, dass dieser Schleier ganz dünn ist. Das sind Erinnerungen an frühere Leben oder es sind Indigoseelen. Zu dem Thema aber später mehr.

Tja, nach dieser Erkenntnis machte sich die kleine Seele dann doch ein wenig Sorgen. Und die große Seele meinte: „Naja, es gibt da noch die Engel und die Lichtwesen. Man sagt, dass die uns daran erinnern können, wenn wir als Mensch auf der Erde sind. Doch nur, wenn wir gut zuhören."
Da war die kleine Seele erleichtert, denn sie konnte die Engel und LIchtwesen sehr klar und deutlich hören.

Auf einmal schaute die kleine Seele die große Seele ziemlich kritisch an und fragte: „Sag mal, warum machst du das eigentlich alles für mich?" Und die große Seele strahlte noch etwas heller als sowieso schon, lächelte liebevoll und meinte: „Ich mache das für dich, **weil ich dich unermesslich liebe**"

So, und jetzt stelle dir einmal für einen Moment die Menschen vor, die dir in deinem Leben wahnsinnig wehgetan haben. Die Menschen, die dich enttäuscht haben, die dich verletzt haben, dich betrogen haben, geschlagen usw.
Das waren alles die Seelen, welche dich am meisten geliebt haben. Die Menschen und auch du hatten alle nur den Schleier des Vergessens auferlegt bekommen und ihr konntet euch an eure Abmachungen „da oben" nicht mehr erinnern. Ganz schön bescheuert, nicht wahr?

Das heißt, alles was du bis jetzt in deinem Leben erlebt hast, das war genau das, was deine Seele erfahren wollte. Das hast du dir selbst, bzw. deine Seele sich ganz alleine herausgesucht und kreiert. Die anderen Seelen haben dir nur dabei geholfen, egal ob es schöne oder nicht so schöne Erfahrungen waren. Tja und zu den Seelen, auch die, welche dir geholfen haben die nicht so schönen Erfahrungen zu machen, zu denen solltest du jetzt vielleicht einfach mal „**DANKE**" sagen. Diese Seele haben ihr Licht und ihre Energie so weit herabgesenkt, damit sie dir dabei helfen konnten die jeweilige Erfahrung zu machen.

Wenn du diese Geschichte kennst, dann sehen vielleicht viele Dinge in deinem Leben ganz anders aus. Jetzt hast du mal eine Erklärung für die Dinge, die bei dir nicht so toll gelaufen sind. Und jetzt kannst du auch aufhören irgendeine Schuld bei irgendjemand anderen zu suchen. Es hat dir keiner was getan. Es waren „nur" Seelen, welche dich **unermesslich liebten** und dir dabei geholfen haben Erfahrungen zu machen, die Erfahrungen, welche du dir rausgesucht hast.

Mit diesem Wissen könnten wir uns jetzt einige Erfahrungen anschauen. Diese Erfahrungen sind übrigens auch Schwingungen, also Energie. Wie ihr wisst sehe ich alles in Zahlen. Zahlen sind für mich wie Wesen die leben und auch Zahlen bestehen aus Schwingungen, Frequenzen und Energien. Du fragst dich jetzt bestimmt was denn auf einmal Zahlen mit deinen Erfahrungen oder mit deinem Leben als Seele auf der Erde zu tun haben. Das erkläre ich dir gerne.

Indigos –
Kinder der Neuen Zeit

Erinnerst du dich noch an das Kapitel über Lemuria? Und daran, dass viele von uns dort einen Vertrag unterschrieben haben? Das waren die Indigos oder Kinder der Neuen Zeit. Und sie kommen anscheinend immer dann auf die Erde, wenn hier ganz großartige Dinge im Gange sind.

Ich wusste lange überhaupt gar nicht was ein Indigo ist oder dass ich einer bin.
Ich glaube, wenn ich erst jetzt auf die Welt gekommen wäre, wäre die Diagnose wohl ADHS gewesen. Aufmerksamkeitsdefizitsyndrom mit Hyperaktivität. So nennt man das heute. Ich sage, ich war halt ein Energiebündel. Und mit rennen und zappeln habe ich meine Energie verbrauchen können und ich hatte halt jede Menge zu erzählen.

INDIGOS IN DER SCHULE

Die Schule war schrecklich für mich. Wieso lernt man in der Schule eigentlich immer so unnütze Dinge. Ich meine Schreiben und Rechnen war letztendlich ja wirklich nützlich und auch Biologie fand ich immer interessant. Doch ich hätte vielleicht Energiearbeit oder Heilen mit Farben auch ganz interessant gefunden.

Ich wollte immer mit Musik lernen. Meine Eltern haben das überhaupt nicht verstanden und machten immer die Musik aus mit den Worten: „Mit so einer Musik kann man doch nicht lernen, da braucht man Ruhe." So was Bescheuertes. Ich glaube heute, dass wenn ich mit Musik hätte lernen können, wäre ich wesentlich besser in der Schule gewesen. Auch jetzt, wenn ich schreibe habe ich meine Ohrstöpsel mit Musik im Ohr.
Und stell dir vor, bei meinen Kindern hab ich mich doch tatsächlich auch dabei ertappt ihnen die Musik beim Lernen auszumachen. Bis ich mich an mich selbst wieder erinnert habe.

34

Es ist ganz wichtig, dass wir herausfinden **wie** wir am besten lernen. Indigos, oder die heutigen Kinder, lernen etwas anders als andere. Sie denken nicht linear sondern modular. Das heißt, sie lernen nicht eins nach dem anderen sondern sie sortieren sozusagen alles was sie so hören, packen dies sofort in „ihre Schubladen" und machen die ganz schnell zu. Das geht so schnell, dass die Lehrer oft meinen, das der Schüler gar nicht zugehört hat. Aber es ist alles abgespeichert und sortiert und kann jederzeit bei Bedarf abgerufen werden.

Vorausgesetzt das Kind empfindet die Sache für interessant. Wenn es als nicht interessant empfunden wird, wird dem keine Beachtung mehr geschenkt. Und dann kommt eine Klassenarbeit bei der man eine furchtbar schlechte Note schreibt. Was sie hätten lernen sollen war einfach für sie uninteressant und ist in der Schublade „Uninteressant" gelandet. Das ist der Grund, warum hochintelligente Schüler schlechte Noten schreiben.
Die Kinder hätten es wahrscheinlich allgemein einfacher, wenn man ihnen sagen würde was sie ganz toll machen, anstatt dass man ihnen sagt was sie alles falsch machen.

Genau diesen Fehler habe ich auch bei meinem ältesten Sohn Florian gemacht. Ich habe ihn so ziemlich auf alles aufmerksam gemacht was er „falsch" macht. Die Dinge, die er gut gemacht hat, war ich froh, dass er sie getan hat, doch da schwieg ich.

DIE REBELLEN?!

Florian, 1991 geboren, war damals und ist heute noch mein größter Lehrer und Spiegel. Er hatte sich an keinerlei Regeln gehalten, wie ich als ich jung war. Er hat grundsätzlich das Gegenteil gemacht von dem, was man von ihm verlangt hat, wie ich. Er brauchte für alles eine Erklärung, wie ich. Er konnte Gedanken anderer wahrnehmen, wie ich. Und viele andere Dinge mehr. Er hat mir beigebracht was es heißt integer und authentisch zu sein. Nur das zu machen was er wirklich will. Der Rest hatte keine Chance.
Es war so ziemlich das schwierigste Florian irgendwie groß zu bekommen. Mit 16 sagte er zu mir: „Mama, ich zieh jetzt aus, ich halt es

zu Hause nicht mehr aus."
Wumm, die hat gesessen, es war wie eine Ohrfeige für mich. Ich sagte: „Du kannst nicht ausziehen, du bist erst 16 Jahre alt. Ich bin deine Mutter und bin für dich verantwortlich, es gibt Gesetze hier in Deutschland die so etwas verbieten." Ihn haben die Gesetze nicht interessiert, er ging. Kein Jugendsozialhelfer, kein Jugendamt, keine Polizei konnten ihn von etwas anderem überzeugen. Er bekam mehrere Möglichkeiten angeboten sich hier in dieser Gesellschaft einzufügen. Er schlug alle aus.

Es ging soweit, dass er mal bei dem einen, mal bei dem anderen Kumpel gewohnt hatte. Mir brach es fast das Herz. Es war so ziemlich zeitgleich als ich mitbekam was ein Indigo ist und das ich auch einer bin. Und dies lies mich erkennen, dass ich ihn machen lassen musste.
Also machte ich ihm klar, dass wenn er jetzt geht, er wie ein Erwachsener sein Leben regeln musste. Das heißt er darf nach einer Wohnung schauen, nach einem Job, danach wie er zu Geld kommt. Ich machte ihm auch klar, das ich für ihn da bin, jederzeit, wenn er Fragen hat oder nicht weiß wie dies und das geht. Doch er durfte lernen es selbst zu tun. Und er durfte nie wegen Geld zu mir kommen (Ich sagte zu ihm: „Wenn du Geld brauchst darfst du arbeiten gehen, ich muss es auch tun, wenn ich Geld brauche.") oder etwas mit der Polizei zu tun haben. Und da war ich sehr konsequent, was mir sehr viele Feinde machte, weil das System so was nicht gutheißen kann.

Heute bin ich total stolz auf ihn, weil er sich selbst immer treu blieb und alles mögliche und unmögliche ausprobiert hat und nun dies macht was ihm gefällt, nämlich mal dies und mal das. Und nein, er ist nie dem Staat auf der Tasche gelegen. Er wollte nie fremdes Geld haben auch nicht von mir. Er wollte es sich immer selbst verdionon. Respekt!

WAS SIND INDIGOS?

Wie gesagt, es war die Zeit als ich mitbekam was Indigos sind. Was sind eigentlich Indigos?

Das Wort Indigos kommt tatsächlich von der blauen Farbe „Indigo". Es gibt eine Frau, die auch etwas anders ist als andere. Ihr Name ist Nancy Ann Tappe und bei ihr arbeiten nämlich die Hirnfunktionen etwas anders. So etwas nennt man Synästhesie. Bei einer Synästhesie vermischen sich bestimmte Sinneswahrnehmungen miteinander. Das heißt, dass eine reell erlebte Sinneswahrnehmung unbeabsichtigt von einer anderen Sinneswahrnehmung begleitet wird und diese dann von der Person auch als reell erlebt wird.

Da sieht dann so eine Person einen bestimmten Buchstaben in einer bestimmten Farbe. Oder eine Banane schmeckt dreieckig. Oder man nimmt bestimmte Frequenzen bzw. Dinge als Zahlen wahr.
Bei Nancy Ann Tappe ist es so, dass sie bei Menschen bestimmte Farben wahrnimmt. Das hat nichts mit „Aura sehen" zu tun. Nein, sie nimmt wirklich bestimmte Farben bei diesen Menschen wahr. Tja und irgendwann kam eben diese Farbe Indigo dazu. Dann bemerkte die Dame, dass alle Menschen, welche sie in Indigoblau wahrnimmt, einfach etwas anders sind als andere. Und so kam es zu den Indigokindern.

Übrigens haben viele Indigos oder Lichtkinder diese Synästhesie. Im Internet gibt es da einiges zu lesen, auch ganz gute Bücher findet man da.
In vielen Büchern über Indigos wird immer berichtet, dass die meisten Indigos in den 80er oder 90er Jahren zur Welt kamen. Doch das stimmt so vielleicht nicht ganz. Ich mein, ich bin 1969 geboren und bin ein Indigo. Der ältesten Indigo, den ich persönlich kenne, ist über 80 Jahre alt.

Es gab 1987 die harmonische Konvergenz, ab diesem Zeitpunkt stieg die Energie hier auf der Erde immens schnell nach oben und tut das heute noch. Vielleicht konnte diese Frau vor dieser Zeit noch nicht diese „Indigofarbe" wahrnehmen. Geben tut es diese „Indigos" aber schon immer und gab es zu jeder Zeitepoche.

Die älteren Indigos sind die Eisbrecher, die Revoluzzer. Sie machen den Weg frei für die Kinder mit einer noch höheren Schwingung, die einfach etwas weicher sind.

Oft werde ich nach Kristallkindern oder Regenbogenkindern gefragt und was der Unterschied ist. Nun, es sind eigentlich alles Indigos. Nur je jünger sie sind desto feinstofflicher sind sie. Desto höher ist ihre Energie. Im Prinzip find ich dieses ganze Schubladendenken sowieso nicht so toll. Es sind alles „Kinder der Neuen Zeit" und da ist keiner besser oder schlechter wie der andere. Und es ist im Prinzip auch nicht zu bewerten, ob eine Energie höher oder niedriger ist. Jedes Kind der Neuen Zeit hat seine bestimmte und besondere Energie und alle zusammen können wir ganz große Dinge bewirken.

Oft kommen Mütter zu mir und sagen ganz stolz: „Mein Kind ist ein Kristallkind", oder „ist mein Kind ein Indigo oder schon ein Kristallkind?" Ich weiß dann immer nicht ganz genau, was die von mir wissen wollen. Ja glauben die denn, es ist toll ein Indigo zu sein? Die Neuen Kinder, egal was sie für eine Energie haben, haben es hier alles andere als einfach.

Ich nenne diese Kinder jetzt einfach mal alle Indigos, wobei es alle Lichtkinder sind. Diese Lichtkinder haben vor langer Zeit das Versprechen abgelegt die Erde wieder in Ordnung zu bringen, und das in einem derart engen Körper in unserer Zeit zu erledigen ist alles andere als einfach.

Die älteren Indigos waren die Vorreiter, die Berichterstatter. Deshalb können viele von uns Nachts nicht so gut schlafen, haben Schlafstörungen oder schlafen super gut und wachen morgens mit dem Gefühl überhaupt nicht geschlafen zu haben auf. In der Zeit haben wir vielleicht Metatron berichtet wie die Lage denn hier so ist, auf der Erde. Von den Älteren gab es auch schon jede Menge, doch die meisten sind sich dessen nicht mehr bewusst. Durch die relativ „niedrige" Energie vor 1987 wurde uns älteren Indigos vieles abtrainiert. Wir wurden in eine Form gepresst, damit wir sind wie alle anderen.

Viele von uns haben eine nicht so gute Kindheit hinter sich und haben in ihrem Leben sehr viele Steine zwischen die Füße bekommen. Ich sag immer: „Nicht zur Strafe nur zur Übung!" Es sind nur so lange „Steine", solange man nicht bemerkt, dass es im Prinzip Geschenke sind. Denn mit jedem „Stein" macht man eine bestimmte Erfahrung und mit dieser Erfahrung kann man dann wieder anderen Menschen helfen.

Doch egal, auch wenn deine Kindheit noch nicht mal so schlecht war, und du vielleicht alles hattest – hattest du auch jemanden der dich richtig knuddelte und für dich da war? Das hatten oder haben wohl die wenigsten Lichtkinder hier erlebt.

Viele von uns haben oft Depressionen und fühlen sich auf dieser Erde irgendwie fremd. So, wie wenn sie gar nicht hier her gehören. Kennst du das: Abends am Fenster zu stehen und sehnsüchtig nach oben zu sehen und sich zu fragen: „Wann holt ihr mich endlich ab hier? Ich bin hier irgendwie falsch gelandet."
Hey, es holt dich keiner, du kannst aufhören zu warten. Du bleibst hier nämlich so lange bis dein Job erledigt ist.
Und wenn es das nicht ist, kennst du bestimmt diese Sehnsucht. Diese Sehnsucht nach….. Nach was eigentlich? Nach Liebe? Ja, es ist diese Sehnsucht nach Liebe. Wir suchen sie überall. In unseren Eltern, in Kindern, in Pflanzen, Tieren usw. Doch irgendwie finden wir sie nirgends. Und wir könnten mit noch so viel Liebe überschüttet werden, es wäre immer noch nicht genug.

Diese Sehnsucht ist die Sehnsucht nach „zu Hause", nach Lemuria. Damals gab es nur Liebe dort. Und diese Liebe wirst du hier auf der Erde nirgends finden. Nicht bei den Eltern, nicht bei Kindern, Partnern, Tieren usw. Diese Liebe findest du nur an einem einzigen Ort: **IN DIR, in deinem Herzen!**

Ein weiteres Merkmal woran du erkennst, dass du ein Indigo oder ein Lichtkind bist, ist dieser Lügendetektor im Bauch. Kennst du den? Uns kann man nicht anlügen. Wir spüren immer, dass wir angelogen werden. Wir wissen vielleicht nicht mit was, doch dass wir angelogen worden sind spüren wir sofort. Da wird uns regelrecht schlecht.

Viele von den jungen Lichtkindern, von denen die Mehrheit tatsächlich dann in den 80er und 90er Jahren gekommen sind, sind heute erwachsen. Und viele von denen machen jetzt den Mund auf und decken alles auf, was an Unwahrheiten erbaut wurde. Schauen wir mal auf die Kirche und die Themen, welche 2010 alle so aufgedeckt worden sind. Es wird nichts mehr von Bestand sein, was auf Lügen erbaut wurde. Tja, und da wird wohl noch einiges aufgedeckt werden.

Deshalb sind wir älteren und auch die 80er und 90er Lichtkinder die Eisbrecher und Revoluzzer. Wir machen den Weg frei für die feinstofflicheren Lichtkinder, welche Harmonie und Liebe und unwahrscheinliches Wissen bringen. Sie brauchen uns älteren, damit wir ihnen den Rücken stärken und wir brauchen die jungen, damit das Eis schmilzt und die Herzen wieder lieben können.

Wie du siehst ist es ein Miteinander. Nur wenn wir alle miteinander arbeiten, bekommen wir es hin.

INDIGOS - DIE ENERGIE-SCHWÄMME

Ein weiteres Merkmal ist unsere Feinfühligkeit. Kennst du das, wenn du Samstagmorgens in einem Einkaufszentrum unterwegs bist mit wahnsinnig vielen Menschen? Du kommst heim und bist fertig und ausgelaugt. Nicht mehr zu gebrauchen. Woran liegt das? Wir sind wie Schwämme. Wir ziehen alle Energien um uns herum einfach auf, wie ein Schwamm.

Wenn ich früher immer einkaufen gegangen bin und es lief z.B. ein Mann an mir vorbei, der vielleicht kurz vorher einen Streit mit seiner Frau hatte, war ich auf einmal wütend und ich wusste nicht warum Oder es lief eine Frau an mir vorbei die gerade furchtbar Stress hatte war ich auf einmal nervös. Oder jemand war traurig und ich wurde auf einmal traurig und wusste nicht warum.
Wenn gerade jemand frisch verliebt war fühlte ich mich dann auch so, was ja nicht so ganz unangenehm ist. Doch als ich dann heim kam war ein richtiges Gefühlschaos in mir drin und ich war erledigt. Dann brauchte ich immer einige Zeit bis ich mich wieder sortiert hatte.

Heute habe ich gelernt damit umzugehen. Doch wenn du das Gefühl hast, du hast irgendetwas aufgenommen was nicht deins ist, dann schick es einfach wieder zurück. Komm kurz zur Ruhe und sage laut und bestimmt: **„Alle meine Energie sofort zurück zu mir und alle Fremdenergie sofort transformiert in Licht und Liebe zum Absender zurück.“** Dann stell dir vor wie die Energiefäden so hin und herfliegen und es wird dir schnell etwas besser gehen.

Kennst du das? Du bist unwahrscheinlich traurig und hast Angst, doch du hast eigentlich gar keinen Grund dafür. Tja, dann hast du bestimmt Schwamm gespielt und dazu musst du noch nicht mal einkaufen gehen. Es reicht, wenn auf der Welt wieder irgendwo was ganz schlimmes, wie z.B. ein Erdbeben oder sonst etwas, passiert ist.

Da gibt es nämlich etwas das nennt sich Kollektiv. Die Kollektivenergie ist sehr mächtig und kann uns Indigos ganz schön durcheinander bringen. Das Kollektiv sind alle Gedanken, Emotionen, Gefühle, Ängste und Schmerzen usw. von allen Menschen hier auf der Welt. Und wenn irgendwo etwas passiert, dann ist eine geballte Energie davon natürlich auch im Kollektiv und wir nehmen es auf und wundern uns.

Eine weitere Übung kannst du gleich morgens nach dem Aufstehen machen. Stell dir in deinem Herzchakra (das ist ungefähr da wo sich auch dein physisches Herz befindet) eine weiße Kugel vor. Wenn du nun ganz normal atmest, stell dir dabei vor wie du durch dein Kronenchakra (das ist oben am Kopf wo sich dein Scheitel befindet) weißes Licht einatmest.
Beim Ausatmen stellst du dir vor wie dieses weiße Licht in diese weiße Kugel hineinfließt und dabei wird die Kugel immer größer und größer. Du atmest praktisch diese weiße Kugel groß.
Wenn die Kugel dann so groß ist, dass du darin stehen kannst, dann sprich zu dir: „ICH BIN erfüllt, ICH BIN erfüllt von Licht, ICH BIN Licht!“ Das wiederholst du so lange bis du das Gefühl hast du strahlst wie ein Halogenstrahler.

Wenn du dieses Gefühl hast, dann stelle dir um die Kugel herum eine goldene Schicht vor. Nun gehe in die Absicht, dass diese goldene Kugel dort bestehen bleibt bis du abends wieder ins Bett gehst.

Diese Kugel kannst du immer dann machen, wenn es dir nicht gut geht. Wenn es dir nicht gut geht, dann bist du in einer für dich niedrigen Energie. Die ist in dem Moment einfach nur für dich niedrig, die kann für einen anderen schon wieder hoch sein. Wenn du aber in einer für dich niedrigen Energie bist geht es dir halt nicht gut. Mit dieser Übung drehst du dein Energiepotential nach oben. Wenn du dann die goldene Schicht noch drum herum machst, dann kommt Energie die niedriger ist wie deine nicht mehr durch. Es wird nur noch die Energie die gleich ist wie deine durchkommen, oder noch höhere. Wenn du in einer für dich hohen Energie bist, geht es dir automatisch gut. Also mach die Übung am besten gleich morgens nach dem Aufstehen und der Tag dürfte gerettet sein.

So hältst du dir auch ganz gut die nicht so tolle Kollektivenergie vom Hals und tust gleichzeitig etwas für eine harmonische und liebevolle Kollektivenergie. Wenn das jeder morgens machen würde hätten wir vielleicht mehr Harmonie auf der Welt, wer weiß?

DAS CHAMÄLEON-PROBLEM

Wir Indigos sind übrigens auch wunderbare Chamäleons. Wir passen uns allem und jedem an. Hauptsache wir werden geliebt und den Menschen geht es mit uns gut.

Stellen wir uns mal irgendeine Frau vor, die noch nie was mit Fußball zu tun hatte und einen Mann der ein absoluter Fußballfan ist. Die zwei treffen aufeinander und verlieben sich. So, ab diesem Zeitpunkt steht die Frau jeden Sonntag auf dem Fußballplatz. Nein, nicht weil sie Fußball so toll findet, sondern weil sie es liebt, dass ihr Schatzi glücklich ist und das macht auch sie glücklich. Tja, und auf einmal sitzt sie auch jeden Samstagabend bei der Sportschau mit dabei. Nein, auch nicht weil sie die so toll findet, doch ihr Schatz ist doch so glücklich dabei und das erfreut sie.

Diese Frau wird dann ihrem Freund ganz unbewusst immer ähnlicher und ähnlicher und irgendwann schaut der Mann in seinen eigenen Spiegel. Tja, und wenn dieser Mann es noch nicht gelernt hat sich selbst zu lieben, dann haben die zwei bzw. die Frau dann ein riesiges Problem. Der Mann wird sie nämlich verlassen, weil sie nicht mehr die ist, welche er kennen und lieben gelernt hat. Sie ist zu seinem Spiegelbild geworden das er vielleicht selbst noch nicht liebt.

Dieses Beispiel gilt natürlich auch anders herum. Es gibt genügend Männer, die ganz unbewusst zum Spiegel ihrer Frau werden und dann verlassen werden.
Es ist folglich ganz wichtig eben nicht Chamäleon zu spielen. Wenn du einen Partner hast oder auch einfach nur bei Freunden bist, bleibe die Person die du bist. Mach deinen Kaffeeklatsch am Mittwochmittag mit deinen Mädels, auch wenn dein Schatzi nur Mittwochs Zeit hat. Hat er halt Pech gehabt. Es wird sich ein anderer Zeitpunkt ergeben.

Mach deine Hobbys weiter und dein Partner sollte seine Hobbys weiter machen. Es wird Dinge geben die macht ihr beide gerne, dann haltet euch an diese. Ich denke du weißt was ich meine.
Bleibe du selbst!
Verbiege dich nicht für andere. Und erinnere dich daran: **Die Liebe die du suchst, findest du nur in dir in deinem Herzen.**

Ein Partner ist dann nur das Sahnehäubchen und nicht der Hauptgang, der bist du selbst. Naja, mit Sahnehäubchen schmeckt es vielleicht besser, gebe ich ja zu. Darfst du dir auch erlauben, doch erst wenn du dich selbst liebst. Denk daran: Glücklich wird man nicht mit Partner, sondern der Partner kommt wenn, du glücklich bist.

Als ich beschlossen hatte glücklich zu sein mit dem was ich bin und mit dem was ist, kam aus heiterem Himmel auf einmal mein Sahnehäubchen. Das war die Zeit in der ich angefangen habe mich zu lieben wie ich bin.
Vor 22 Jahren lernte ich einen Mann kennen, mit dem ich mich sehr gut verstand. Er war so herzensgut und lieb und für mich damals viel zu anständig. Er war kein Musiker, hat nichts angestellt, er war „nur" Motorradfahrer. Damals war auch ich noch total in der Bewertung verfangen. Doch er hat mich eine Weile begleitet in meinem Leben. Wir waren auch oft miteinander unterwegs.

An einem Wochenende fuhren wir zu einem Moto-Cross WM-Lauf nach „Reil am heißen Stein". An diesem Wochenende kamen wir uns etwas näher, was nicht so toll war, weil ich in einer Beziehung war.

Nun denn, die Zeit verging und wir verloren uns irgendwann aus den Augen. Fast 20 Jahre später fand er mich im Internet auf einer Internet-Plattform und schrieb mich an. Ich wusste gleich wer er war und freute mich total. Der Witz war: Er wohnte damals für mich ziemlich weit weg. Doch auf einmal wohnte er nur 30 km von mir entfernt. Welch „Zufall". Wir versuchten uns zu treffen und telefonierten viel. Mit dem Treffen hat es eine Weile gedauert, weil ich so oft auf Messen unterwegs war. Doch irgendwann klappte es.
Wir verabredeten uns, ich fuhr zu ihm, sah ihn und alles war gut. Es war ein Gefühl wie „nach Hause kommen". Von diesem Tag an waren wir unzertrennlich und sind es heute noch.

Wir wohnen zusammen, doch jeder lebt sein Leben so wie es für ihn am Besten ist. Und Dinge die wir beide gerne tun, machen wir, wenn wir Zeit haben, miteinander. Ansonsten ergänzen wir uns in jeder Hinsicht. Er ist ein Partner und ein Freund. Ich liebe mich so wie ich bin und ich bräuchte ihn nicht in meinem Leben. Doch ich bin für jeden Tag dankbar den ich mit ihm verbringen darf.

ICH BIN EIN INDIGO?

Ich wusste lange Zeit nicht was ein Indigo ist. Und als die kleinen Problemchen mit meinem Söhnchen Florian waren habe ich natürlich auch nach Hilfe gesucht.

In dieser Zeit fiel mir dann eines, glaube ich, der ersten Bücher über Indigokinder in die Hände, von Doreen Virtue. Als ich dies las dachte ich, dass das auch auf mich irgendwie passt. Doch da stand drin, dass die Indigos erst viel später kamen. Also hab ich das für mich erst mal abgehakt.
Doch ich war mir sicher, Florian war einer und meine Zwillinge damals garantiert auch. Die zwei haben sich immer telepathisch unterhalten und ich war die Einzige die es verstanden hat. Zum Ärger der anderen

immer, manchmal war das recht lustig. Doch wenn sie richtig gesprochen haben, haben sie immer eine Geheimsprache gehabt, die außer mir und sie selber auch niemand verstand.

Kurz bevor sie in den Kindergarten kamen, waren wir bei einer der Kinderuntersuchungen, bei denen auch ein Hörtest gemacht wurde. Tja, und meine Kinder waren praktisch taub. Sie hörten fast nichts. Ich hab mich dann immer gefragt wie sie mich eigentlich hören konnten, wenn ich normal mit ihnen redete. Bis mir klar wurde, dass sie meine Gedanken lasen, genau so wie ich ihre. Mir fiel das eigentlich nie auf. Es war so „normal".

Timo war noch sehr klein, aber mir war klar, wie andere war der auch nicht, der war ein absoluter Schmuser. Überall wo er auftauchte war auf einmal alles harmonisch. Später als er dann älter wurde war er unwahrscheinlich altklug. Der weiss Sachen, da wird mir immer ganz anders. Timo ist nun 13 und lebt bei seinem Vater. In den Ferien ist er immer bei mir. Als er 10 Jahre alt war, es war kurz vor den Ferien, rief er mich jeden Tag an: „Mami, wann darf ich denn jetzt in den Ferien kommen?"
Und ich antwortete ihm: „Schatz, ich weiß es noch nicht. Ich hab so viele Beratungen ich bin voll im Stress und weiß gar nicht wie ich es machen soll."
Der kleine Fratz antwortete: „Ach Mama, den Stress machst du dir doch nur selber."
Wumm, die hat gesessen, und er hatte auch noch recht.

Nun denn, ich wusste jetzt also, dass meine Kinder etwas anders waren. Ich hatte damals schon Energiearbeit gemacht und habe bemerkt, dass meine Kinder da immer gerne mitgemacht haben und mir auch ganz interessiert zugeschaut haben.
Also habe ich ihnen beigebracht was die Aura ist und wie man sie spüren kann, wir machten viele Energiespiele und habe auch viele Phantasiereisen zusammen gemacht, was sie unwahrscheinlich genossen haben. Vor allem, wenn sie von der Schule oder vom Kindergarten kamen.

Ich dachte dann, wenn meine Kinder so sind, dann gibt es da bestimmt noch mehr davon. Und so war es dann auch, alle Kinder, die meine Kinder mit nach Hause brachten, fanden meine Steine toll und die vielen Engel die bei mir überall herumstehen und erzählten mir dann auch oft, dass sie diese auch sehen können und mit ihnen reden. Den Kindern hat es bei mir immer gefallen und hin und wieder kam es vor, dass, wenn die Spielzeit bei uns vorbei war und sie gehen mussten, sie dann zu mir sagten: „Du bist wie ich, dir kann ich von Engeln erzählen, meine Mama sagt immer, die gibt's nicht."

So ging es mir öfter und mir hat es immer wieder das Herz gebrochen. Ich verstand die Kids so gut. Ich hab ja in meiner Kindheit nichts anderes erlebt. Aber ich hatte wenigstens zum Glück meine Omi.

Ich dachte dann, da muss ich was ändern, also ging ich zu meiner Freundin, welche auch viel Energiearbeit machte und viel mit Kindern zu tun hatte und fragte sie, ob sie mich dabei unterstützen möchte eine Lichtkindergruppe zu eröffnen. Sie half mir natürlich sofort.
Wir hatten bald einen Raum und eine wunderschöne Gruppe mit etwa 10 Kindern zwischen 6 und 12 Jahren. Es war herrlich, wir lernten unsere Schutzengel kennen, machten Energiespiele, Phantasiereisen und malten, sangen und hatten jede Menge Spaß.
Die Kinder durften das bei uns sein, was sie waren. Die erste Gruppe war ein wahrer Erfolg. Die Kinder fanden es klasse, doch die Erwachsenen konnten nichts damit anfangen. Also mussten wir irgendwann leider wieder schließen.

Ein Jahr später machte ich wieder eine Gruppe auf, dieses Mal mit Kindern und mindestens einem Elternteil. Weil, die Kinder können diese Dinge ja eigentlich schon, die Eltern dürfen es wieder lernen.
Wieder hatten wir eine wunderbare Gruppe und ich habe auch heute noch mit diesen Familien Kontakt. Doch die Gesellschaft hatte Probleme mit solch glücklichen Familien, welche dann auch noch mit Engeln arbeiten. Geht ja gar nicht. Ich hatte bemerkt, dass es einfach noch zu früh war.

Nachdem ich dann auf den Messen angefangen habe über „Die Kinder der Neuen Zeit" und Indigos Vorträge zu halten kamen immer mehr

Jugendliche aber auch junge Erwachsene zu mir und einer sagte: „Hey, du weißt aber schon, dass du eine von uns bist, oder?"
Ich stand ganz verdattert da und wusste gar nicht was der von mir wollte und verneinte das Ganze, woraufhin er mir ganz deutlich sagte: „Du bist auch ein Indigo, du bist eine von uns."
Ich hab das am Anfang nicht geglaubt doch seit diesem Zeitpunkt kamen immer mehr Menschen, junge wie ältere auf mich zu und bestätigten mir das.

Heute weiß ich es einfach, weil ich mich zurück erinnert habe an Lemuria (so hieß Lemurien vor dem Fall des Erzengels Luzifer), den Vertrag oder das Gelöbnis das ich abgelegt habe, nämlich der Menschheit zu dienen, und an viele Inkarnationen, an welche ich mich wieder zurückerinnert habe. Ich habe gelernt hinter den „Schleier des Vergessens" zu sehen. Tja, und die Engel und Lichtwesen, mit denen ich schon immer in Kontakt war, haben es mir letztendlich auch bestätigt. Ich hätte es schon früher wissen können, ich hab nur nicht richtig zugehört!

Doch ich möchte eines noch einmal ganz deutlich klarstellen. Jeder Mensch ist etwas ganz Besonderes. Indigos sind nur etwas anders. Und es ist nicht immer toll ein Indigo zu sein. Es tut weh, diese Erde heute so zu sehen. Wir könnten es wirklich besser haben. Doch es liegt an uns.
Und die Indigos, welche sich den Part rausgesucht haben das „unangenehme" Kind oder Jugendliche zu sein, die haben es am schwersten hier. Sie machen diese „unangenehmen" Dinge nämlich nur, um uns die Augen zu öffnen.

MENSCHEN, DIE ANDERS SIND

Ich habe euch ja schon etwas aus meinem Leben erzählt und da lief nicht immer alles nach Plan A.
Ich bin im Prinzip einer der Menschen, über die man sich gerne den Mund zerreißt.
Ich war auch immer in Rockschuppen unterwegs. In Diskotheken, wo Hard Rock der Musikstil war. In denen sich nur Rocker und Motorrad-

fahrer herumtrieben. Mein Vater meinte immer: „Mensch Kind, kannst du dich nicht mal mit normalen, anständigen Menschen umgeben?" Doch es sind eben oft diese Menschen, welche sich nicht an das System halten oder sich oftmals nicht einfügen wollen oder ihre eigenen Regeln oder Gesetze haben, die von der Gesellschaft nicht anerkannt und akzeptiert werden. Doch was sind die richtigen und was die falschen Gesetze? Und es gab dort und gibt überall viele Menschen, welche einfach nicht mit diesem Leben hier auf der Welt klarkommen und irgendwo mussten sie ihren Platz im Leben finden.

Doch was noch viel schlimmer war oder ist, sie haben es nie verstanden warum sie so anders wie andere sind und so anders denken. Sie haben nie verstanden warum sie hier nicht glücklich werden können, weil sie es noch nicht gewusst haben, dass sie diese Liebe nur in sich finden. Sie fühlen sich alleine und viele von ihnen versuchen ihren Schmerz in Drogen und Alkohol zu betäuben und zu ertränken.

Sie haben vergessen warum sie so anders sind und warum sie überhaupt da sind. Und deswegen sind viele so unwahrscheinlich provokant und unangenehm. Sie lieben sich nicht selber, sie fühlen sich in ihrem Körper hier auf dieser Welt nicht wohl. Und teilweise sind sie wütend auf sich selber, weil sie nicht so sind wie sie vielleicht unbewusst gerne wären. Sie weisen uns ganz genau mit ihrer Art und Weise auf die Themen hin, welche wir erlernen dürfen.

Liebe, Liebe und noch einmal Liebe und sich daran zu erinnern wer sie wirklich sind. Nämlich hohe energetische Wesen in einem menschlichen Körper, welche die Schöpfer ihres eigenen Lebens sind und jetzt hierher gekommen, um die Welt wieder zum Paradies zu machen.

Das sind die Mutigen unter uns Indigos.

Als ich angefangen habe mit Energien zu arbeiten und dann später die Kryonschule absolvierte kam ich mit vielen Lichtarbeitern zusammen. Und jedes Mal, wenn ich wieder in „meinen" Rockschuppen ging (was ich heute noch mache) musste ich mir anhören: „Wie kannst du dich nur unter solchen Menschen bewegen und solche Musik hören, das sind doch ganz niedrige Schwingungen und da ist nur Dunkelheit." Das war dann immer einer der Zeitpunkte wo ich die Welt gar nicht mehr verstanden habe.

Geht's noch? Ich bin Lichtarbeiter! Wo es hell ist muss ich kein Licht mehr machen. Das ist genau da nötig, wo es dunkel ist.

Der eine hat es hier vielleicht einfach etwas leichter und der andere eben nicht. Und das ist der Grund warum ich noch immer an solchen Orten zu finden bin, weil die Menschen dort vielleicht gerade mich als Vorbild brauchen. Mich oder andere Lichtarbeiter, welche diese Menschen verstehen und deren Verhalten und Leben nachempfinden können, weil sie gleiches oder ähnliches durchlebt haben.

Ich habe es geschafft wieder glücklich zu sein, wieder einen Sinn für mein Dasein zu erkennen und Freude am Leben zu haben.

Ich hoffe, ich kann euch auch die Augen öffnen. Das versuche ich mit meinen Zahlen. Oder besser: mit eurem Zahlencode!

Der Zahlencode -
dein ganz persönliches Lied

Bevor wir tatsächlich hier auf die Erde kamen haben wir uns ja so einiges heraussuchen dürfen. Eltern, Namen, Erfahrungen, ja sogar den Geburtstag und auch den Ort. Das war gar nicht so einfach alles unter einen Hut zu bringen. Doch alles was ist, ist Schwingung, also Frequenzen oder anders gesagt Energie. Das wiederum kann man alles in Zahlen umwandeln.

Pythagoras, der übrigens als Vater der Numerologie bekannt ist, sagte einmal: „Alles ist Zahl."

Hat er ja schon Recht. Wenn alles eine Frequenz bzw. eine Schwingung hat, was ja so ist, und jede Zahl auch eine Frequenz bzw. eine Schwingung ist kann man alles in Zahlen umrechnen. Das hat der Boss da oben schon clever organisiert.

Das heißt, alles was du vorhattest hier zu tun, alle Erfahrungen, die du hier machen wolltest, alle Aufgaben, welche du hast um deinen Vertrag zu erfüllen, all die Informationen liegen in deinen Namen und in deinem Geburtsdatum. All diese Dinge kann man in Zahlen umrechnen und das ergibt dann deinen ganz persönlichen Zahlencode zu deinem Herztresor. In diesem Tresor ist alles vorhanden was du brauchst, um hier auf der Erde deinen Vertrag zu erfüllen und dabei sogar noch glücklich zu sein. Der Boss hat mir wohl die Gabe in die Wiege gelegt der Scanner für diesen Code zu sein, um dir dabei zu helfen den Tresor wieder aufzumachen.

Als Baby wussten wir noch alles. Alles was wir uns vorgenommen haben, doch dann kam die Mami und der Papi, Oma und Opa, die Kindergärtnerin, die Lehrerin usw. und jeder sagte was anderes zu dir. Du darfst das nicht, das tut man nicht das kannst du nicht…

Und irgendwann hat man dir deine ganzen Gaben, die du mitbekommen hast oder deine Aufgabe einfach abtrainiert. Dadurch hast du diesen ganzen Code vergessen. Tief in dir schlummert dieser Code noch, doch die Zweifel und die Unsicherheit lassen dich nicht mehr an den Code rankommen. Und das Chaos ist perfekt.

50

Ein Mensch ist wie ein wunderschönes Musikstück. Stelle dir mal vor, jede Zahl mit ihrer ganz eigenen Frequenz wäre ein Ton. Der Mensch mit seinen Namen und Geburtsdaten besteht aus ganz vielen Zahlen, also ganz vielen Tönen. Viele Numerologen schauen sich nur das Geburtsdatum an oder nur die Namen und sagen dann, das ist eine Sechs oder so. Der Mensch hat nicht nur eine Zahl also einen Ton. Ein Musikstück besteht ja auch nicht nur aus einem Ton. Ich schaue mir alles an, auch wenn sich die eine oder andere Zahl widerspricht. Doch aus diesen vielen Zahlen (Tönen) wird dein ganz besonderes eigenes Lied.

Meistens ist es so, dass jeder Mensch alle Zahlen in seinem Code trägt.
Es kommt nur ganz selten vor, dass eine oder mehrere Zahlen komplett fehlen. Bei den Neuen Kindern unserer Zeit, den jungen Indigos, den jungen Lichtkindern, kann es vermehrt dazu kommen. Aber dazu später mehr.

Wenn jetzt aber jeder alle Zahlen in sich trägt müssten wir ja alle gleich sein. Nun ja, sind wir ja auch im Prinzip, wir sind alle Menschen. Und doch sind wir jeder irgendwie einzigartig, weil es nämlich darauf ankommt, wie viele der jeweiligen Zahlen der Mensch in sich trägt. Ein Musikstück besteht auch aus mehreren Tönen die sich mehrmals wiederholen. Und jeder hat sein ganz besonderes eigenes Lied oder seinen ganz besonderen eigenen Zahlencode.

WAS GENAU IST DER ZAHLENCODE?

Zahlen sind für mich nichts Lineares. Sie fangen nicht bei Eins an und hören dann irgendwann wieder auf. Nein, alle Zahlen sind für mich eine Einheit. Stell dir ein Glücksrad mit allen Ziffern von 1 bis 9 vor. Nun drehen wir das Rad und - stellen wir uns vor - es bleibt bei der Acht stehen. In diesem Moment wird die Acht zwar hervorgehoben, dennoch sind alle anderen Ziffern auch noch auf dem Rad vorhanden.

Jede Zahl hat ja auch eine Frequenz, bzw. eine Schwingung und man kann alles in Zahlen umrechnen.

Und wenn ich sage, man kann alles in Zahlen umrechnen, dann meine ich es wörtlich. Alle Zahlen und ihre Schwingungen, ihre Frequenzen, beinhalten den Gesamtbauplan, die Matrix des gesamten Universums. Ein universelles Gesetzt besagt „Wie oben so unten", oder „Makrokosmos gleich Mikrokosmos", oder „Alles ist göttlich und das göttliche ist in Allem".

Gehen wir mal davon aus, dass der Bauplan des Universums und alles was existiert aus den Zahlen zwischen 1 und 9 besteht und entsteht und somit wir Menschen natürlich auch. Das heisst, dass alle Menschen einen göttlichen Bauplan aus den Zahlen 1 is 9 in sich tragen.

Wenn man nun lernt das umzusetzten, was uns das Wesen der jeweiligen Zahl beibringt, dann wird unser höchstes Potential freigesetzt. Wenn du die Lerninhalte der jeweiligen Zahlen vollkommen integriert hast, hast du dein volles Potential entwickelt und erinnerst dich automatisch an dein wahres Sein und an die Aufgaben, welche sich deine Seele vorgenommen hat. Somit ist es nicht mehr notwendig, wie früher als die Erdenergie noch nicht so hoch war, alles einzeln aufzuschlüsseln.

Letztendlich ist die Numerologie und die Zahlenwissenschaft einfach auch nur ein Hilfsmittel, um uns an unsere Göttlichkeit in uns zu erinnern und uns auch daran zu erinnern, dass wir nie von der Quelle getrennt waren. Wir haben selbst entschieden zu Vergessen, mit unserem eigenen Willen, mit unserer Macht zu Entscheiden.

Die Lehrmeister Zahlen können dir dabei helfen deinen eigenen Code zu entschlüsseln, dich wieder zu erinnern, an deine Fähigkeiten und an alles, was in deinem Herztresor verschlossen wurde. Der Lerninhalt der einzelnen Zahlen ist der Schlüssel für ein harmonisches und glückliches Leben.

Öffne deinen Herztresor mit diesen Zahlenschlüsseln und erinnere dich daran, dass du Liebe bist, dass du ständig mit der Quelle, mit Gott, verbunden bist und dass alles eins ist.

Im nachfolgenden Kapitel erkläre ich alle Zahlen. Jede Signifikanz, die Besonderheiten im Wesen des Menschen und erkläre auch, wie man die negativ gelebten Zahlen umkehrt.

Ich bin der Ansicht, dass es keine Berechnung gibt. Jeder Numerologe rechnet anders, mit Quersumme, ohne Quersumme, die Buchstaben als Zahl, usw. Man wird auf seine zur Berechnung benutzten Zahlen beschränkt, doch es existiert doch (fast) jede Zahl in jedem von uns.

Lies dir die Erklärungen zu den einzelnen Zahlen durch und spüre nach. Tief in dir wirst du spüren, welche Zahlen du verkörperst, welche du noch aufarbeiten musst, oder auch welche du bereits in vollständiger Perfektion lebst.

Dein Zahlencode ist in dir und kein Mensch der Welt kann das sehen, was du in deinem Inneren siehst und mit dir trägst. Zumindest nicht so klar wie du, wenn du es zulässt.

Möglicherweise wirst du bei jeder Zahl eine kleine Übereinstimmung finden, vielleicht auch nur bei einer oder mehreren. Lass dich davon nicht aus der Ruhe bringen. Ein Zahlencode hat meist sehr lange Kombinationen. Versuche, dein Potential zu entfalten und vertraue deiner inneren Stimme, die dir sagt:

„Diese Zahl bin ich und daran muss ich noch arbeiten."

Das Leben ist da, um zu lernen. Und du wirst dich nun auf eine ganz andere Art kennenlernen. Nämlich auf deine göttliche Art.
Lebe Sie!

Bevor ich jetzt anfange die Zahlen und ihre Bedeutungen (so wie ich sie sehe) zu beschreiben, möchte ich dich noch um etwas bitten. **Mach dich jetzt nicht verrückt, ob du die jeweiligen Zahlen und wie viele davon, irgendwo in deinem Code hast oder auch nicht.** *Jeder hat irgendwie alle Zahlen in sich. Der Eine die Eine oder Andere halt mehr oder weniger. Wenn du dich in einer oder mehreren Zahlen wiedererkennst, dann hast du sie auch garantiert irgendwo drin. Wichtig ist, dass wir lernen die Botschaften, welche uns diese Zahlen geben, zu erkennen und lernen sie umzusetzen. Wenn wir das hinbekommen, dann schließt sich der Kreis und wir werden zu unserem ICH BIN!*

Die Neun -
Vollendung und Weisheit

Im Prinzip fängt man ja nicht hinten, sprich bei der Neun an, sondern vorne bei der Eins, sollte man zumindest meinen.
Als ich bei dem Kapitel ankam, bei dem ich die Zahlen erklären wollte begann ich auch zuerst mit der Eins, danach schrieb ich auch die Zwei – doch dann hatte ich einen ziemlich langen Hänger.

Inzwischen weiß ich auch warum. Ich hatte in dieser Zeit sehr viele Menschen, welche in ihrem „Musikstück", ihrem Code, ganz viele Neuner hatten. Tja, und so was geschieht ja nie „zufällig". Mir ist nämlich aufgefallen, dass, wenn die Menschen nicht zuerst lernen ihre Neun perfekt zu leben, sie mit allen anderen Zahlen im Prinzip ein Problem haben. Über die Neun kann man sehr viel erzählen und sie bringt einem sehr viel Wichtiges bei.

LOSLASSEN

Alle Neuner haben auffälliger Weise ein riesiges Problem - sie können nämlich nicht loslassen! Ups, kommt dir das vielleicht bekannt vor? Könnte schon sein, nicht wahr? Wenn dem so ist, dann bist du wahrscheinlich mit deinen Gedanken sehr oft in der Vergangenheit. Naja, und jedes Mal, wenn du an die Vergangenheit denkst schickst du mit deinen Gedanken dort Energie hin. Das Dumme ist nur, die Vergangenheit ist vorbei. Die ist gegessen, die interessiert keinen Menschen mehr. Die kommt auch nie wieder. Das heißt, du brauchst die Energie dort doch gar nicht mehr, oder?

Wenn du aber an die Vergangenheit denkst, denkst du automatisch an die Zukunft. Nach dem Motto „Das war damals so und so, da muss ich jetzt schauen, dass das nie wieder so kommt" und prompt bist du in der Zukunft. Jedes Mal, wenn du aber an die Zukunft denkst, schickst du mit deinen Gedanken deine Energie dorthin. Die brauchst du dort aber noch gar nicht, oder? Die Zukunft ist doch noch gar nicht da!

54

Jetzt stell dir mal vor dir fällt morgen die Decke auf den Kopf und du bist mausetot, dann hast du ganz umsonst die Energie in die Zukunft geschickt. Und nun stell dir vor du schickst jeden Tag 25 % deiner Energie mit deinen Gedanken in die Vergangenheit und 25 % davon in die Zukunft. Was bleibt dir dann im HIER und JETZT? Wenn wir jetzt richtig rechnen nur noch 50%, oder? Das ist gerade mal die Hälfte von dem, was du im Prinzip im HIER und JETZT brauchst. Tja, und dann wunderst du dich, dass du immer so müde bist?

Ok, die Vergangenheit ist vorbei, die kommt nie wieder und ändern kannst du sie auch nicht mehr. Haken drunter, erledigt!
Die Zukunft ist aber noch gar nicht da. Und wenn du dir heute Gedanken über einen Termin in 2 Wochen machst, oder darüber wie du nächsten Monat die Miete zahlst oder sonst irgendwas, ich garantiere dir, du kannst dir 150 000 Variationen im Kopf durchspielen wie, was, wann, wo. Wie es aber tatsächlich wird, das wirst du erst dann wissen, wenn es wirklich so weit ist.
Pure Energieverschwendung! Die Energie brauchst du im Hier und Jetzt. Jetzt willst du doch glücklich sein, jetzt willst du doch leben!

Es gibt für alles eine Lösung. Das Erste was du tun kannst ist mit dem Lichtkristall EL´GOTSHA* zu arbeiten. Sieh ihn dir an, male ihn und stelle Wasser darauf, um es mit der Schwingungsfrequenz des Loslassens zu energetisieren, oder visualisiere ihn einfach und lass ihn sozusagen durch dich durch schwingen. Er kann dir beim Loslassen helfen, egal was du damit tust, du kannst nichts falsch machen. Alle Kristalle haben ihr eigenes Bewusstsein und wirken immer zu deinem höchsten Wohl.

Es gibt jedoch noch andere Möglichkeiten loszulassen. Eine davon möchte ich dir nun erzählen.

Stell dir mal vor du als Mensch bist wie ein Computer. Jeder Computer hat eine Festplatte. Auf dieser Festplatte hast du seit deiner Geburt alles abgespeichert was du je erlebt hast. Die ist schon verdammt voll, nicht wahr? Wo speicherst du jetzt alle neuen Erfahrungen und Erlebnisse ab, die da noch kommen wollen? Die haben gar keinen Platz mehr. Und nun, was müsstest du jetzt tun?

Eine Kundin beantwortete mir diese Frage mit: „Dann besorge ich mir eine externe Festplatte."
Die ist aber auch irgendwann voll und mal ganz abgesehen davon, schließ mal eine externe Festplatte Baujahr 2011 an einen Computer, sagen wir mal Baujahr 1965 an. Ich glaube, das gibt ein Problem. Also keine so optimale Lösung. Welche Variante gäbe es dann noch?
Ja, genau LÖSCHEN!
Wir löschen jetzt einfach mal deine Festplatte.

Erinnerst du dich noch an die Geschichte mit der kleinen Seele, welche dann die Vergebung lernen durfte? Alle Erlebnisse, welche du erfahren hast, waren irgendwie auch immer mit Menschen verbunden. Egal ob sie dir dabei geholfen haben, schöne, oder nicht so schöne Erfahrungen zu machen. Doch die emotionalen und gefühlvollen Erinnerungen daran, das ist genau das was deine Festplatte blockiert. Wenn wir deine Festplatte nun löschen heißt das nicht, dass du nie wieder an deine Vergangenheit denkst, doch du wirst es vielleicht emotionsloser können. Ok, bist du bereit?

FESTPLATTE LÖSCHEN UND IN DIE VERGEBUNG GEHEN

Mache es dir ganz bequem und stelle dir eine große Wiese vor. Um diese Wiese ist ein Holzzaun herum. Du stehst jetzt mitten auf dieser Wiese. Der Zaun hat vor dir ein Tor und hinter dir ein Tor. Du schaust nun auf das vordere Tor und dort kommen ganz viele Menschen herein. Der erste Mensch der dort rein kommt steht nun vor dir.

Wenn du dir das schlecht vorstellen kannst, nimm den ersten Namen, der dir in den Kopf kommt.
Die Person steht nun vor dir und du hältst die Person an den Händen und schaust ihr in die Augen und sagst dann:
„……(Name) ich vergebe dir, weil du nicht so bist, wie ich es mir wünsche. Ich vergebe dir und gebe dich frei!"

Nun drück sie noch einmal herzlich und stell dir den Lichtkristall ENA* (Vergebung) um die Person herum vor und lasse sie nun zu dem hinteren Tor wieder hinausgehen. Jetzt spür mal in dich, wie es sich anfühlt. Irgendwie gut nicht wahr?

Mach diese Übung abends wenn du zu Bett gehst und nimm einfach die Namen, die dir so in den Kopf plumpsen. Nicht nachdenken: „Wen soll ich jetzt nehmen?" oder so. Nein, einfach die, welche dir einfallen. Und da ist es auch völlig egal ob die Person noch lebt oder schon tot ist. Ob sie dir was getan hat oder ob sie dir nichts getan hat.

Vergebung heißt nicht „gut heißen", Vergebung heißt löschen und einen Neuanfang starten.

Wenn dir dann niemand mehr einfällt mach es bitte mit dir selbst. Stell dir vor, wie du vor dir stehst und nenne deinen Namen usw. Am Schluss nimm dich selbst in den Arm, stelle dich selbst in ENA* und geh mit dir an der Hand zu dem hinteren Tor hinaus.

Es gab nämlich bestimmt genügend Situationen in deinem Leben, wo du heute sagst: „Hätte ich das doch nur anders gemacht."

Alles, was du jemals in deinem Leben getan hast, hast du getan, weil du in diesem Moment gedacht hast es ist das Richtige. Sonst hättest du es nämlich nicht getan. Also brauchst du dich dafür heute auch nicht mehr selbst dafür verurteilen. Außerdem ist es vorbei und ändern kannst du es jetzt auch nicht mehr.

Mach diese Übung hin und wieder mal dann bleibt deine Festplatte immer schön sauber und das Neue kann leichter kommen.

ZUKUNFT KREIEREN

Weiter oben habe ich gesagt, du sollst, wenn du die Vergangenheit hinter dir gelassen hast auch nicht so oft an die Zukunft denken.

Jetzt wäre es allerdings naiv nur dazusitzen und Däumchen zu drehen und abzuwarten was passiert. Nein, das sollst du natürlich auch nicht tun. Du kennst ja bestimmt den Spruch: „Hilf dir selbst, dann hilft dir Gott." Und da ist was dran.

Du könntest zum Beispiel eines tun. In unserer heutigen Zeit etwas ganz wichtiges:
Konzentriere dich auf das, was dir Spaß macht, was dir Freude bereitet. Auf das, was du einfach gerne tust.
Damit ziehst du nämlich automatisch diese Dinge an, von dem du ja im Prinzip noch mehr möchtest.
Und dann tu mit Freude das, was du in dem Moment tun kannst. Den Rest kannst du mehr oder weniger im Schlaf erledigen. Ja, im Schlaf. Wenn du abends ins Bett gehst, dann träume von dem, was du haben möchtest. Erträume dir dein Leben genau so wie du es haben möchtest. Spüre es, rieche es, usw. Doch bitte mach den einen Fehler nicht. Denk nicht darüber nach wie du dieses Leben erreichen kannst. Nein, träume wie ein kleines Kind.

Wenn ein kleines Kind davon träumt auf einem rosa Elefanten zu reiten, dann macht sich dieses Kind keinen Kopf darüber ob es rosa Elefanten gibt oder nicht. Oder ob es hier in Deutschland tatsächlich Elefanten gibt. Nein, es träumt einfach davon auf diesem Elefanten zu reiten, es streichelt ihn im Traum und riecht wie der Elefant duftet. Naja, und wer weiß, vielleicht geht die Mutti irgendwann mit diesem Kind in den Zirkus und da haben sie gerade „zufällig" einen Elefanten rosa angemalt und auf dem dürfen Kinder reiten. Wer weiß?

Was ich damit sagen will ist, dass du wirklich nur davon träumen sollst und dir keinen Kopf darüber machen sollst wie du dahin kommst. Dann verbaust du dir mit deinen Gedanken nicht die Möglichkeit tatsächlich dort anzukommen. Manchmal hält uns das Universum Wege und Möglichkeiten bereit, da würden wir nie darauf kommen.

Das ganze Träumen kannst du übrigens mit dem Lichtkristall JAWES* (Schöpferkraft) unterstützen. Wie du mit diesem Kristall umgehen kannst beschreibe ich dir am Ende des Buchos.

Wir träumen oft von mehr Geld. Doch zu was brauchen wir das? Natürlich um schöne Dinge zu kaufen, die uns vielleicht glücklich machen oder einfach weil das Leben dann einfacher wäre.
Doch was willst du denn wirklich. Schau dir deine Wünsche genau an. Oft steckt ein Wunsch hinter diesem Wunsch. In oben genanntem

58

Fall steckt doch einfach nur „glücklich sein" dahinter, oder? Na, dann stell dir doch vor wie es sich anfühlt glücklich zu sein und überleg dir nicht wie du dahin kommst. Mal ganz abgesehen davon, wenn du glücklich bist hast du bestimmt auch genügend Geld.

Wenn ich meine Kunden oft an dieser Stelle frage, was sie denn gerne hätten, sagen viele: „Ich möchte endlich eine gut funktionierende Partnerschaft haben."
Welcher Wunsch steckt dahinter? Na, wieder glücklich sein. Doch die meisten Menschen machen ihr Glück von einem Partner abhängig. Nein, anders herum wird ein Schuh draus. Nur wenn du glücklich bist kommt ein Partner. Er wird nämlich durch dein glücklich sein angezogen.

Also kurz und gut: Konzentriere dich auf das, was du möchtest und mach dir keinen Kopf darüber wie es zu dir kommt.

So, jetzt weißt du wie man loslässt, wie man vergibt und gleichzeitig noch was du für die Zukunft tun kannst und trotzdem im Hier und Jetzt bleibst.

AUS DER BEWERTUNG HERAUS GEHEN

Als nächstes darf die Neun lernen aus der Bewertung heraus zu gehen. Viele Neuner bewerten Alles und Jeden. Da gibt es bloß „der ist ok" oder „den kann ich gar nicht leiden", dazwischen gibt es nichts. Oder das ist gut oder schlecht, negativ oder positiv.

Was ist eigentlich negativ und was positiv. Das hab ich noch nie wirklich verstanden. Vor allem, wenn irgendwelche Menschen von Negativenergie oder Positivenergie sprechen. Was ist das und vor allem, voran misst man das. Eine Energie welche für mich positiv ist kann für einen anderen sehr negativ sein und genauso anders herum. Also wenn, dann kann ich nur von mir ausgehen und ansonsten ist das einfach nur Energie.

Wenn ich hundert Euro verliere ist es für mich sehr negativ, oder? Wenn du jetzt aber diese hundert Euro findest ist es für dich sehr positiv. Aber was um alles in der Welt sind „hundert Euro verlieren"? Merkst du was? Es ist einfach nur die Tatsache, dass hundert Euro verloren worden sind. Ob das jetzt positiv oder negativ ist kommt auf das Auge des Betrachters an. Bewerten tun nur wir Menschen.

Jetzt ist es natürlich sehr schwer in der Dualität, in der wir uns nunmal noch befinden, sich ohne bewertende Wörter zu unterhalten. Doch man kann zumindest immer daran denken, wenn du was für dich bewertest, dass das deine Ansicht ist und nicht unbedingt für andere genauso sein muss.
In Situationen, welche sich jetzt nicht so gut anfühlen, ist es besonders schwierig sie nicht zu bewerten. Doch versuche es. Du weißt nie was dahinter steckt. Oft passiert etwas ganz schreckliches und im Nachhinein, oft Jahre später, erkennst du, dass es das Beste war was dir je passiert ist

Immer wenn ich eine Situation erlebe, die ich nicht so gut finde, sage ich mir immer:
„Gottes unendliche Liebe und Weisheit erschafft Harmonie und Ordnung. Ich liebe und vertraue! MONA´OHA* (Vertrauen)"

Das heißt soviel wie: Ich habe keine Ahnung warum der Müll hier passiert, doch es wird schon seinen Grund haben. Und dieser Grund bringt mich meinem Glück und meiner Aufgabe wieder etwas näher. Kurz darauf passieren dann meistens kleine Wunder.
Diesen Satz sagte mir mal eine ganz liebe Frau. Ich bin ihr heute noch dankbar dafür!
MONA'OHA*, was Lichtsprache ist und Vertrauen heißt, setze ich als Zusatz und zur Verstärkung immer dahinter.

Du kennst das sicher, dass du einen Menschen kennen lernst und erkennst, dass dieser Mensch unmöglich ist. Fies, gemein und unangenehm. Diesen Menschen gehen wir gewöhnlich aus dem Weg und tun ihn ab als furchtbares Ekelpaket.
Aber auch das ist eine Bewertung. Ja, so Menschen gibt es und es sagt ja auch keiner, dass du gleich dein Leben mit ihnen verbringen

sollst. Doch du könntest dir vielleicht eine Sekunde lang überlegen, wieso der eigentlich so ist. Und dann würdest du vielleicht darauf kommen, dass er sich selber nicht leiden kann und eigentlich nur eines möchte, nämlich Liebe.

Du brauchst keine Zeit mit ihm zu verbringen, doch schick ihm doch einfach aus deinem Herzen heraus eine rosarote Liebeskugel und hülle ihn damit ein. Du wirst sehen, so schlimm ist er auf einmal gar nicht mehr. Im Gegenteil vielleicht hast du auf einmal Mitgefühl mit diesem „Ekelpaket".

Die Lichtkristalle AVATARA* (Zentriertheit), MOHA´RA* (Reine Gedanken) und ATRANA* (Reine Gefühle), und zwar genau in dieser Kombination, helfen dir nicht zu bewerten und neutral zu bleiben.

Also versuche aus der Bewertung herauszugehen. Wenn du das einigermaßen hin bekommst, kommst du nämlich in die bedingungslose Liebe und wenn du da bist, dann kannst du endlich das tun, was du mit der Neun machen solltest.
Mit deinem Wissen der Menschheit dienen.

MIT DEINEM WISSEN DER MENSCHHEIT DIENEN

Alle Neuner haben einen direkten Kanal zur Akasha-Chronik. Das haben im Prinzip alle Menschen, doch bei den Neunern ist er schon vollständig ausgebaut und aktiviert. Die Akasha-Chronik ist übrigens wie eine riesige Bibliothek im Universum. Dort ist alles niedergeschrieben, was jemals war, ist und sein wird. Tja, und die Neuner können diese Dinge jederzeit abrufen.

Vielleicht kennst du das: Du wirst von irgendjemanden etwas gefragt (was den Neunern übrigens sehr häufig passiert) und gibst eine Antwort darauf obwohl du die Antwort gar nicht wissen kannst. Naja, und hinterher fragst du dich vielleicht selbst: „Ups, woher weiß ich das eigentlich?" Das ist typisch Neun.
Je besser nun dieser Neuner lernt loszulassen, lernt in die Vergebung zu gehen, lernt aus der Bewertung herauszugehen, desto mehr kommt

er in die bedingungslose Liebe und dann wird dieser Kanal immer reiner werden und immer mehr Wissen kommt durch.

In einer Neun sehe ich immer einen wahnsinnig hohen Berg. Auf diesem Berg steht ein goldener Sessel und auf diesem Sessel sitzt ein uraltes Menschlein mit langen weißen Haaren. Dieses uralte Menschlein weiß alles und die Menschen pilgern zu ihm, wegen seines Wissens.
Früher oder später werden genau diese Erfahrung alle Neuner machen. Viele Menschen kommen zu den Neunern, wegen ihres Wissens. Und genau mit diesem Wissen können sie der Menschheit dienen.

Ein ganz wichtiger Punkt, den wir nun gelernt haben bei der Neun, ist „aus der Bewertung herauszugehen". Natürlich sind alle Dinge wichtig, welche uns die Neun lehrt. Aber wenn wir gelernt haben aus der Bewertung herauszugehen fällt uns die Acht einfacher. Wenn wir es nämlich schaffen aus der Bewertung herauszugehen ist es einfacher Dinge in Einklang zu bringen und dies wiederum darf die Acht sich erarbeiten.

Die Acht -
Macht, Ausgleich zwischen Materie und Spiritualität, der Indigo

Wie die Überschrift schon sagt, geht es bei der Acht um die Macht. Vielleicht auch um die Macht etwas in Einklang zu bringen. Etwas in Einklang bringen ist eines der wichtigsten Dinge bei der Acht. Um genau zu sein das Materielle mit dem Spirituellen in Einklang bringen.

Stellen wir uns die Acht einmal auf der Seite vor, eine liegende Acht, dann sieht das aus wie eine Waage, oder? Wir haben links eine Kugel und wir haben rechts eine Kugel und in der Mitte stellen wir uns jetzt einfach einen Stab vor.
Weiter stellen wir uns vor, dass wir in die linke Kugel die Materie packen und in die rechte Kugel die Spiritualität. So, jetzt stell dir vor, dass du in die linke Kugel zuviel Materie gepackt hast. Was passiert dann? Genau, die Materie fällt zu Boden und die Spiritualität wird in die Höhe geschleudert.

Das passiert, wenn Menschen z.B. nur arbeiten. Sie arbeiten Tag ein und Tag aus, bringen jede Menge Geld nach Hause, was ja toll ist, weil, sie wollen ihre Familie oder sich selbst versorgen. Doch diese Menschen arbeiten zu viel, es sind regelrechte Workaholics. Und irgendwann sitzen sie dann da und bemerken, dass sie eigentlich gar keine richtigen Freunde mehr haben. Warum? Naja, sie haben sich nie Zeit für ihre Freunde genommen. Das nächste wäre dann, dass sie sich vielleicht alleine fühlen, Depressionen bekommen oder sogar Gelenkschmerzen, Rheuma usw.

Sehen wir uns die andere Seite an. Stell dir vor du legst in die rechte Kugel zu viel Spiritualität. Dann knallt diese Kugel nach unten und die Materie geht in die Luft. Das wären dann die Menschen, die keinen Boden mehr unter den Füßen haben. Sie fliegen in den höchsten Höhen. Denen geht es richtig gut. Sie leben in Glückseligkeit und freuen sich des Lebens. Die haben allerdings dann auch ein Problem. Die haben nämlich kein Geld mehr.

Kennst du das? Das ist bei Achtern sehr verbreitet, entweder sie haben ganz viel Geld und kein Spaß am Leben, oder sie leben einfach und sind ganz locker und es ist eben kein Geld da. Der Achter erfährt das mehr oder weniger öfter in seinem Leben. Da geht es immer hin und her. Doch ich kann dich beruhigen, je älter man wird desto mehr kommt es in die Waage. Wenn du solange nicht warten möchtest gibt es natürlich noch eine andere Möglichkeit. Wir sollten das Ganze einfach in Einklang bringen. Das ist im Prinzip ganz einfach!
Du brauchst nämlich nur das zu tun, was dir Spaß macht. Das hört sich wirklich einfach an, oder? Fast zu einfach. Aber so ist es. Wir wurden nur die letzten Jahrzehnte, vielleicht sogar Jahrhunderte, auf Geldverdienen trainiert. So nach dem Motto: „Lerne den Beruf bei dem du am meisten Geld verdienst."
Ich sag immer: „Selig sind die, welche ihren Traumberuf gefunden haben."

Jetzt mal ganz ehrlich, wer arbeitet heut zu Tage noch in seinem Traumberuf. Wer kann ohne mit der Wimper zu zucken sagen: „Das ist das, was ich schon immer machen wollte. Ich würde nie etwas anderes tun wollen." Es sind doch wirklich die Wenigsten, oder? Und warum? Weil es uns die Gesellschaft abtrainiert hat.

Arbeiten dürfen wir noch, wir dürfen uns noch unser Geld verdienen, damit wir Brötchen kaufen können. Ganz klar, wir leben immer noch in der Dualität, wo das einfach so läuft. Im Paradies sind wir noch lange nicht. Doch dann leb das Leben doch bitte mit dem, was du am besten kannst und vor allem mit dem was dir am meisten Spaß macht.

Meine Töchter, beide werden demnächst 15 Jahre alt, machen zurzeit von der Schule aus ein Sozial- und Betriebspraktikum, was ich eine tolle Sache finde. Natalie hat sich den Beruf als Friseurin und Kosmetikerin herausgesucht. Das möchte sie mal lernen. Das heißt, das wollte sie zu Beginn lernen, als wir uns darüber unterhalten haben.
Eines Tages kam sie von der Schule und meinte: „Mami, ich will doch keine Friseurin lernen, da verdient man nichts. Ich überleg mir was anderes."
Ich stand da und habe geschaut wie eine Kuh bei Gewitter. Danach habe ich sie gefragt, wie sie denn darauf kommt. Sie antwortete mir,

dass ihr das halt irgendjemand erzählt hätte.

Ok, ich holte tief Luft und fragte sie: „Natalie, stell dir mal vor du hast einen Job, bei dem du super viel Geld verdienst, der dir aber überhaupt gar keinen Spaß macht. Was glaubst du, wie´s dir mit diesem Job geht?"

Sie meinte dann: „Na super, geht´s mir damit, weil ich mir alles kaufen kann und Miete usw. alles bezahlen kann."

Hat sie ja nicht ganz Unrecht.

Doch jetzt stellen wir uns mal vor du gehst jeden Tag zu einem Job, der dir gar keinen Spaß macht. Morgens schon willst du eigentlich gar nicht aufstehen, kommst nicht aus dem Bett raus, weil, als nächstes ist ja da wieder die Arbeit, welche du gar nicht gerne machst.

Naja, des Geldes wegen kann man das vielleicht ein, zwei, vielleicht auch drei oder vier Jahre durchhalten. Doch irgendwann wird man unweigerlich krank, weil man nicht das tut was man tun sollte.

Und wenn man krank ist, kann man nicht zur Arbeit und wenn man da öfter mal fehlt, hat man keine Arbeit und natürlich logischerweise auch kein Geld mehr.

Schau dich doch mal um wie viele Menschen in deiner Umgebung gerade krank sind und dadurch den Job verlieren. Oder überhaupt gerade den Job wechseln. Wir sind nämlich in einer Zeit in der alles Unwahre kein Bestand mehr hat.

Anders herum, stellen wir uns mal vor Natalie würde tatsächlich Friseurin erlernen, weil es ihr richtig Spaß macht, weil sie sehr kreativ ist und vor allem weil sie es richtig gut kann. Sie wird vielleicht zu Beginn nicht so viel Geld verdienen. Doch sie wird immer Geld haben, weil sie das macht was ihr Spaß bereitet und sie dadurch wenig krank sein wird. Der Traum aller Arbeitgeber. Doch was noch viel besser ist, wenn sie es wirklich gerne und vom Herzen her macht, kann aus ihr wirklich eine Starfriseurin werden. Wer weiß!?

Was ich damit sagen will ist: Mach das, was du am Besten kannst und was du am liebsten tust. Mach dich vielleicht damit sogar Selbständig und wenn dann mal etwas weniger Geld da ist, dann vertraue darauf,

dass du immer das haben wirst was du brauchst.
So bringt man das Materielle mit dem Spirituellen in Einklang!

Stell dir die Zeiten in deinem Leben vor, in denen du nichts hattest. Im letzten Augenblick kam doch immer irgendwie von irgendwoher Geld oder das, was du gebraucht hast, oder? Siehst du, so wird es auch weiterhin sein. Wenn du alles tust was du tun kannst und es geht dann nicht weiter, dann kommt Hilfe. Immer!
Sei du selbst, sei authentisch und integer, mach das was du bist und damit verdiene dein Geld. Lüge dich nicht mehr selber an oder andere, in dem du das machst was von dir oder der Gesellschaft verlangt wird. Nein, SEI DU!

Das ist übrigens eine der Aufgaben, was **Indigos** hier auf der Erde zu lernen haben. Das zu tun was sie sind ohne sich oder andere anzulügen. Deshalb sehe ich z.B. Indigos oft als Achter. Das heißt Achter sind für mich Indigos.

Nach einem Indigo-Vortrag in Ostdeutschland kam ein junger Mann zu mir, er war vielleicht so 20 Jahre alt, und meinte, dass er hier in dieser Gesellschaft einfach nicht klar kommt. Er hatte schon mehrere Ausbildungen angefangen und alle wieder abgebrochen. Als ich ihn dann fragte, warum er denn so viele Ausbildungen abgebrochen hatte, meinte er nur, dass er nirgends arbeiten kann, wo gelogen, betrogen und die Menschen getäuscht werden. Wow, Respekt. Naja, das hatte natürlich zur Folge, dass er auch nicht unbedingt eine neue Ausbildungsstelle bekam und nun ziemlich ratlos war.
Ich fragte ihn dann, was er denn gerne macht und was er denn seiner Meinung nach sehr gut kann. Er meinte, dass er als Hobby Kampfsport macht und ihm das sehr viel Spaß macht, weil er dort lernt seine Energien loszuwerden. Ich fand das prima und verstand ihn da sehr gut, auch ich habe lange Zeit Kampfsport betrieben.
Er erzählte mir, dass er schon so weit war, dass er einen Trainerschein hatte und Kinder trainierte. Er erzählte mir auch, dass er einen sehr guten Zugang zu Kindern hatte, aber auch zu Jugendlichen.

Als er mir das so erzählte strahlten seine Augen und man merkte richtig wie er auflebte. Danach machte ich ihm den Vorschlag, er solle

doch eine eigene Kampfsportschule aufmachen. Da fiel er aus allen Wolken. Er und eigene Schule, das kann er nicht. Ich kann nicht heißt ich will nicht. Das erklärte ich ihm dann auch.
Dieser junge Mann ist sein ganzes Leben lang klein gemacht worden. Ihm wurde immer eingeredet, dass er nichts ist und nichts kann. So war er programmiert. Ich machte ihm klar, dass ER KANN wenn ER WILL. Und wie er das kann, sonst hätte er noch keinen Trainerschein gehabt.

Man muss nicht unbedingt eine Lehre in irgendwas machen, um hier in unserer Zeit seinen Lebensunterhalt zu verdienen. Nein, er hat ja was gelernt. Ist zwar nicht der typische Ausbildungsberuf, doch er hat es gelernt und er kann es gut. Warum soll er sich dann damit nicht Selbständig machen und so sein Geld verdienen. Mit Spaß und Freude. Du glaubst gar nicht, wie freudestrahlend dieser Mann dann gegangen ist, nachdem er sich x-mal für die Idee bedankt hat. Im Kopf hatte er sie ja schon. Ich glaube, er brauchte einfach jemanden, der ihm das auch zutraut, damit er sich eben selbst traut.

Ich bin heute auch sehr dankbar für mein Leben und alles, was ich habe.
Wenn man für etwas von Herzen dankbar ist bekommt man meistens noch mehr davon. Einfach so, ohne sich anzustrengen.

Damit bin ich hoffentlich ein Vorbild für andere Menschen, die es mir vielleicht dann nachmachen und somit auch zu einem Vorbild für wieder andere Menschen werden. Das ist eine der größten Aufgaben für Achter oder Indigos.

Wenn wir Indigos lernen authentisch und integer zu sein, wenn wir unsere Gaben in uns Selbst integrieren, wenn wir aufhören uns selbst zu belügen, wenn wir zu uns selbst stehen und uns selbst treu sind und damit hier in unserer Gesellschaft glücklich sind, dann sind wir Vorbilder. Dann sind wir die Anführer, die Pioniere, welche die Menschen „nach Hause" bringen. Wo immer auch dieses zu Hause ist. Und wenn wir nur die Menschen zu sich selbst führen haben wir schon sehr viel erreicht.

Doch was hält uns eigentlich davon ab, integer und authentisch zu sein? Es ist unser Zentralcomputer in uns drin.

DAS MACHTZENTRUM - UNSER ZENTRALCOMPUTER

An der Stelle, an der sich das Solarplexus-Chakra befindet, ungefähr eine Handbreit über dem Bauchnabel, da sitzt unser Zentralcomputer. Auf dem ist alles abgespeichert was wir jemals als Seele erlebt haben. Auch in vergangenen Leben. Da sitzt sozusagen unser Unterbewusstsein, unser Machtzentrum.

Wenn wir uns nämlich wirklich an alles erinnern könnten, so ganz ohne „Schleier des Vergessens", dann wären wir ziemlich mächtig. Ach ja, Macht ist übrigens nichts Schlechtes. Wenn man mächtig ist kann man viele gute Dinge tun. Leider wurde auf dieser Welt die Macht oftmals missbraucht und falsch eingesetzt.

Stell dir vor, du hast in dir drin den Drang, etwas ganz Tolles und Großes zu machen. Du hast die Vision mit deinen Gaben ganz vielen Menschen helfen zu können. Und jetzt traust du dich nicht. Du hast auf einmal Angst. Aber warum denn?

Vielleicht warst du vor 500 Jahren eine wirklich weise Person, die ein wahnsinnig großes Wissen hatte und den Menschen damit sehr helfen konnte. Ja, und vielleicht war das irgendjemandem ein Dorn im Auge. Jemandem, der zu dieser Zeit sehr „mächtig" war, weil er vielleicht in eine adlige Familie hineingeboren wurde und vom Stand her einfach „höher" war als du.
Möglicherweise hat derjenige dich dann einfach, weil du seine Macht bedroht hast, beseitigen wollen.
Diese Erinnerung ist nun auf deinem Zentralcomputer auf der Festplatte abgespeichert. Dein Unterbewusstsein weiß das also noch und erinnert dich nun, unbewusst, daran. Es sagt: „Hey, erinnere dich daran. Damals ist es so und so gewesen. Das hattest du schon mal. Damals bist du getötet worden." Doch es erzählt dir, unbewusst, nur Fakten. Bewerten tut es nicht.

Das Ganze wiederum bekommt, natürlich auch unbewusst, dein Verstand mit und bewertet das Ganze.

„Oh je, damals als du so klug warst und so viel wusstest bist du dafür umgebracht worden. Das ist schlecht, das darf nicht wieder passieren."

Das ist dann meistens der Zeitpunkt, in dem du etwas ganz Großes machen könntest, doch nur bei dem Gedanken daran, lässt du es dann letztendlich aus Angst und mangelndem Selbstvertrauen bleiben.

Also los, trau dich! Wenn du ehrlich und authentisch bleibst und niemandem damit schadest, wenn du aus Liebe handelst und alles aus deinem Herz heraus machst, wird es dir auch gelingen.

Früher war es sehr wichtig, dass wir diesen Zentralcomputer und das gespeicherte Wissen hatten. Wir mussten die Erinnerungen haben, damit wir aus den Erfahrungen lernen konnten. Doch auch dies lief alles unbewusst ab. Im Bewusstsein hatten wir nur ein komisches Bauchgefühl. Das ist dann der Punkt, bei dem viele sagen: „Ich entscheide aus dem Bauch heraus."

Seit 1987, seit der harmonischen Konvergenz, gehen die Energien täglich nach oben. Das heißt, wir sind heutzutage schon in einer sehr viel höheren Energie unterwegs als früher. Das ist auch der Grund dafür, warum viele Menschen wieder an ihr ganz natürlich angelegtes Potential heran kommen. Die Menschen werden sensibler was Gefühle oder Frequenzen angeht. Sie werden sensibler für die Geistige Welt und können diese auch immer besser wahrnehmen.

Nun ist auch die Zeit, in der wir nicht mehr aus dem Bauch heraus Dinge entscheiden sollten, doch auch nicht mit dem Verstand. Jetzt ist die Zeit, in der wir aus dem Herzen heraus entscheiden müssen. Jetzt kommen wir an unsere Intuition aus dem Herzen heran.

Wenn du in eine Situation gerätst, bei welcher du ein „komisches Bauchgefühl" bekommst oder bei der dein Verstand Alarm schlägt und das Ganze bewertet und du dann eigentlich gar nicht mehr weißt, was du tun sollst, dann setze dich erst mal ruhig hin. Atme mehrmals ein und aus. Stell dir in deinem Brustkorb, nahe deines Herzens, eine weiße Kugel vor und atme sie groß. So groß, dass du darin stehen kannst. Nun stelle dir die Situation vor. Stell dir auch vor, dass dein Herz zwei riesige Torflügel hat. Öffne die zwei Torflügel und packe die ganze Situation in dein Herz hinein. Schließe nun die Torflügel und fühle.

Wenn du das Gefühl hast, dir schnürt jemand die Brust zu, oder es ganz kalt wird in deiner Brust, dann ist es nichts für dich. Da kann dir dein Verstand oder dein Bauchgefühl jedoch was ganz anderes erzählen. Lass dich davon dann nicht beeinflussen.

Wenn du jedoch das Gefühl hast, dein Brustkorb wird ganz warm und weich und fängt vielleicht ganz leicht an zu kribbeln, dann ist es gut für dich. Doch auch da kann dir dein Verstand oder dein Bauchgefühl etwas ganz anderes erzählen.

Vielleicht solltest du diese Übung erst mit materiellen Dingen machen. Wie z.B. ein bestimmtes Nahrungsmittel, bei dem du weißt, dass es dir nicht gut tut oder so. Damit du ein Gespür dafür bekommst wie sich das Ganze anfühlt. Doch mit etwas Training kann diese Übung sehr wertvoll sein.

Übrigens, wenn du jetzt denkst ich halte nicht viel vom Verstand, dann stimmt das so nicht. Der Verstand ist ein sehr wichtiges Instrument. Wir brauchen ihn zum Auto fahren oder um Computer zu bedienen. Doch wenn es um die Intuition geht, welche wir jetzt schon, und vor allem auch in der Zukunft, aus dem Herzen leben, da hat der Verstand nichts zu suchen. Denn unsere Intuition, aus dem Herzen heraus gelebt, zeigt uns unseren Weg, den wir uns vor langer Zeit herausgesucht haben.

So, fassen wir zusammen: Wenn die Acht lernt das Materiello mit dem Spirituellen in Einklang zu bringen, indem sie authentisch und integer ist und ihre mitgebrachten Begabungen lebt, dann ist sie ein Anführer, ein Vorbild, welches die Menschen anführt und ihnen den Weg nach Hause zeigt.

Wenn die Acht es dann auch noch erkannt hat, dass sie eine der Besten ist was das Manifestieren angeht (du erinnerst dich: Abends ins Bett gehen und sich das Leben erträumen ohne sich einen Kopf zu machen wie man da hin kommt), und dann auch noch den Mut hat dem inneren Drang nachzugeben, hier auf dieser Erde etwas zu bewegen und aus dem Herzen heraus das dann auch tut, dann hat sie die Macht, die Erde zu einem schöneren Platz zu machen.

Wenn du dich jetzt ganz oft in der Acht wiedergefunden hast und dir das, was ich bei den Indigos beschrieben habe, auch nicht ganz unbekannt vorkommt, bist du ziemlich sicher ein Indigo oder ein Lichtkind.

So, und jetzt stellen wir uns die Acht noch einmal liegend auf der Seite vor und packen in die linke Kugel die Erde und in die rechte Kugel das Universum. Was glaubst du wo du stehst? Auf der Erde? Oder im Universum?
Du solltest auf dem Schnittpunkt stehen, da ist dein Platz. Für die Erde bist du viel zu anders. Wir sind irgendwie anders, da gehören wir Indigos nicht wirklich hin. Ins Universum gehören wir jedoch auch nicht mehr. Wir sind jetzt trotz allem Menschen und haben einen menschlichen Körper. Deshalb gehören wir in die Mitte, als Verbindung zwischen beidem.

Wir bringen das universelle Wissen hier auf die Erde. Das können wir aber nur tun, wenn wir das Materielle mit dem Spirituellen in Einklang bringen, sprich indem wir integer und authentisch sind und dies, was wir sind und können, auch leben.

Wenn wir das tun, dann wird aus der Acht eine Null und wir haben den Himmel auf Erden.

Die Sieben -
Transformation, Wissenschaft, Spiritualität, Lernen und Lehren, der spirituelle Lehrer

Ok, schauen wir uns die Sieben an. Die Sieben erinnert mich immer an Einstein. Ein total verrückter Professor mit zerzausten Haaren, der irgendwelche Ideen hat und dann über diese brütet und forscht, ausprobiert und solange daran „rumbastelt", bis es funktioniert. Das Wissen darüber muss er dann anderen Menschen aber unbedingt weiter geben.

Siebener sind oft Menschen, welche sich tatsächlich für die Wissenschaft interessieren. Sie forschen und studieren gerne. Es sind Menschen, welche sich, wenn sie ein interessantes Themengebiet gefunden haben, Stunden, Tage, Wochen oder Monate zurückziehen können, um diese Themen zu studieren. Deshalb sind es oft sehr introvertierte Menschen. Wenn sie dann alles verstanden haben, geben sie es meistens in Form von Unterrichten an andere Menschen weiter. Deshalb verkörpert die Sieben das Lernen und das Lehren. Das heißt mit anderen Worten, die Siebener werden früher oder später zu Lehrern, Professoren oder unterrichten irgendwelche Dinge.

Fast alle Siebener haben als Kinder unsichtbare Freunde gehabt oder konnten sich mit Engeln und Lichtwesen unterhalten und nahmen diese auch sehr bewusst wahr. Doch dann, als sie älter wurden und davon ihren Eltern oder Kindergärtnerinnen erzählt haben, hörten sie oft Dinge wie „Ach, das bildest du dir nur ein", oder „Du hast aber eine rege Phantasie" oder sonst irgendwelche Dinge in dieser Art. Also hat man ihnen praktisch das Ganze mit solchen Aussagen abtrainiert, oder sie haben es sich selber abtrainiert, weil sie ja nicht als Spinner hingestellt werden wollten.

Die meisten Siebener haben es sich so gut abtrainiert, dass sie sich heute wahrscheinlich gar nicht mehr daran erinnern. Man merkt das meistens an Menschen, welche sich erst einmal total gegen die Spiritualität und alles was damit zusammen hängt wehren.

Ein super Beispiel wäre da mein Daddy. Ein wunderbarer Mensch, der auf fast alles immer eine Antwort hatte und ein großes Vorbild für mich war und immer noch ist. Aber ein absoluter Verstand- und Kopfmensch. Was man nicht wissenschaftlich beweisen konnte existierte für ihn mehr oder weniger lange Zeit nicht. So hab ich ihn zumindest immer wahrgenommen. Er möge mir verzeihen, wenn es doch nicht so war. Und diesen Menschen kann man erklären und Beispiele bringen wie man will, sie wehren sich einfach dagegen.

Doch irgendwann, bei den meisten ist es so im Schnitt im Alter von 35 bis 45 Jahren (bei erwachsenen Indigos kann es schon wesentlich früher sein, so ab 20 oder 25 Jahren ungefähr) werden sie durch irgendetwas, Freunde, Schicksale, eine schwere Krankheit oder irgendwelche anderen Erlebnisse, wieder zur Spiritualität geführt oder zumindest zu der Frage: Gibt es vielleicht doch noch irgendetwas zwischen Himmel und Erde, was man nicht wissenschaftlich erklären kann? Und dann fangen sie an zu suchen und zu forschen, Bücher zu lesen, Vorträge über bestimmte Themen anzuhören usw. Sie wollen am besten alles wissen.

Kommt dir das vielleicht irgendwie bekannt vor? Wann fing das Interesse bei dir an?

Naja, und dann fangen sie an zu lernen und zu verstehen. Und immer mehr kommt die Erinnerung an die Kindheit zurück, weil sie vielleicht auf einmal wieder Dinge wahrnehmen, welche sie sich mit dem Verstand nicht erklären können.

Zur Sieben gibt es eine kleine Geschichte, welche ich euch gerne erzählen möchte:

Vor langer, langer Zeit, gab es die Sumerer. Es waren fantastische Mathematiker und Architekten und hatten Technologien, wie wir uns das für diese Zeit gar nicht vorstellen können. Zudem kannten sie sich auch bei den Sternen erstaunlich gut aus. Das heißt, schon damals gab es sehr gute Astrologen und auch Numerologen.

Numerologie hat sehr viel mit Astrologie zu tun. Weil die Aspekte der Zahlen von verschiedenen Planeten abgeleitet werden.
Wie dem auch sei, vor allem die Sumerer beherrschten die Wissenschaft der Zahlen und ihren Bedeutungen faszinierend gut. Sie hatten damals auch schon ihren eigenen Kalender. Tja, und jedes Mal, wenn ein Mensch auf die Welt kam und irgendetwas mit einer Sieben zu tun hatte, wurde er sofort geschnappt und in einen Tempel gesteckt, um ihn dort als Priester oder Priesterin ausbilden zu lassen, weil die Gelehrten ganz genau wussten, dass diese Menschen eine bestimmte Gabe haben. Die Gabe der Weitsicht, der Voraussicht, oder damals hat man auch gesagt die Gabe des Zweiten Gesichts.

Mit anderen Worten, diese Menschen wussten einfach schon vieles im Voraus. Alle Siebener sind so. Egal, ob sie sich schon für die Spiritualität interessieren oder nicht. Sie wissen einfach vieles im Voraus und haben meistens einfach Recht. Nur, wenn du ihnen sagen würdest: „Hey, du kannst ja hellsehen, Wahnsinn woher wusstest du das nur?", dann würden sie wahrscheinlich antworten: „Quatsch, das war doch offensichtlich, ich und hellsehen, du spinnst ja."
Mit anderen Worten, es ist bei diesen Menschen von Anfang an einfach völlig normal gewesen so etwas unbewusst zu können. Sie sehen es als ganz normal an. So wie ich als kleines Kind es als ganz normal gefunden habe, alles in Zahlen zu sehen.

So, und jetzt schaue dir mal kurz dein Leben an. Kennst du das vielleicht? Du denkst an eine Freundin und sie ruft auf einmal an. Du fährst mit deinem Auto an eine unübersichtliche Kreuzung und weißt, dass da gleich ein anderes Auto kommt und bremst intuitiv ab. Oder du kommst nach Hause und hast das Gefühl dein Partner ist schon zu Hause, obwohl es zeitlich noch gar nicht sein kann – und siehe da, er ist tatsächlich schon zu Hause. Solche Kleinigkeiten meine ich. Ich rede nicht unbedingt von riesige Zukunftsvisionen oder so, wobei das natürlich auch nicht auszuschließen ist.

Wenn du jetzt aber meinst das könne jeder, oder das wäre nichts ungewöhnliches, sag ich dir ganz deutlich: „Nein das kann nicht jeder."
Wir könnten es alle, wenn wir es nicht vergessen hätten, in dem Moment als wir den „Schleier des Vergessens" auferlegt bekommen ha-

ben, damals als wir in die Inkarnation kamen. Das ist richtig, doch bei den Siebenern ist diese Gabe mitgegeben worden, trotz Schleier. Und wie schon weiter oben bemerkt, als Kind war das verstärkt vorhanden, da gab es auch keinen Schleier was die Wahrnehmung lichter Wesen angeht. Deshalb haben Siebener vielleicht in jungen Jahren unsichtbare Freunde gehabt, oder haben Engel und Lichtwesen in irgendeiner Form wahrnehmen können.

Also, wenn dir das Geschriebene hier irgendwie bekannt vorkommt, dann hast du schon recht viel gelernt und darfst es vielleicht auch weiter tun. Wir lernen ja alle irgendwie jeden Tag etwas Neues hinzu. Doch das, was du lernst darfst du dann ziemlich sicher als spiritueller Lehrer irgendwann anderen Menschen beibringen.

Das kann auf unterschiedlichste Art und Weise passieren. Keine Angst. Stell dir jetzt nicht irgendeine Schulklasse oder ein Seminar vor (wobei das natürlich nicht auszuschließen ist), nein du kannst durchaus einfach nur bei einem Kaffee mit einer lieben Freundin zum spirituellen Lehrer werden, weil du mit einer Erfahrung oder mit dem, was du sagst neue Sichtweisen bei der Person anregst.

Ich habe allerdings durchaus bei meinen vielen Einzelberatungen feststellen dürfen, das Ärzte, Professoren oder tatsächlich Lehrer, (was ja alles nicht unbedingt spirituelle Berufe sind, sondern eher recht bodenständige) später zu spirituellen Lehrern wurden. Die Arbeit mit den Menschen in ihren „bodenständigen" Berufen war oft nur das Vorspiel, welches einen wichtigen Erfahrungsschatz im Umgang mit Menschen mitgebracht hat, für das was dann oft erst später als tatsächlicher spiritueller Lehrer gelebt wurde.

So, das war die Sieben, sie bringt uns zum Lernen und zum Lehren. Je mehr wir lernen, desto mehr Bewusstseinserweiterung kann stattfinden. Je mehr wir uns unserer selbst bewusst sind, desto mehr Heilung kann in uns geschehen.

Dazu jedoch mehr bei der nächsten Zahl, der Sechs. Da geht es nämlich unter anderem um die Heilung.

Die Sechs -
Heilung, Familie, Nächstenliebe, der Heiler

Die Sechs hat sehr viel mit der Familie zu tun. Sechser sind meistens richtige Familienmenschen und tun im Prinzip alles dafür, dass in der Familie alles funktioniert. Was dummerweise meistens dazu führt, dass eben gar nichts mehr in der Familie funktioniert.

Es ist so, dass die meisten Sechser ein klitze kleines Problemchen haben. Sie haben nämlich meistens ein Helfersyndrom. Sie helfen unwahrscheinlich gerne anderen Menschen. Sie können im Prinzip gar nicht anders. Am liebsten würden sie der ganzen Welt helfen. Wenn du irgendwo eine Sechs in deinem Code hast dürfte dir das irgendwie bekannt vorkommen.

Die Sechs kommt mir vor wie eine Dorfkrankenschwester, die, wenn irgendjemand „Aua" ruft sofort losrennt und da ist. Im Prinzip was schönes. Doch ist dir das vielleicht auch schon passiert, dass du irgendjemandem geholfen hast, einfach nur so, und hinterher war derjenige sogar böse auf dich?
Stell dir irgendeine gute Freundin oder einen guten Freund vor, welcher ein Problem hat. Naja, unter Freunden redet man nicht viel, wenn da jemand Hilfe braucht hilft man einfach. Und zum Dank bekommt man von der Person voll eins auf den Deckel. Kannst du dir vorstellen warum das so ist?

Erinnere dich an die Geschichte mit der kleinen Seele, die weiß, dass sie hier auf der Erde noch einen Job zu erledigen hat und zu unserem Big Boss ging um zu erfahren, wie das geht, wieder auf die Erde zu kommen. Zum Schluss musste sich die kleine Seele noch überlegen, welche Erfahrungen sie auf der Erde machen möchte. Erinnerst du dich?

Jetzt stell dir einmal irgendeine Person vor die du gerne hast und welche ein riesiges Problem hat. Keine Frage, du hilfst. Doch in dem Moment in dem du einfach nur so hilfst kann es sein, dass du der Seele dieser Person eine Erfahrung wegnimmst. Das macht der Seele nicht wirklich viel aus. Nein, die kreiert sich halt einfach noch so eine Situation, und noch eine und noch eine und zwar solange bis sie die Erfahrung letztendlich gemacht hat. Die Person allerdings, in welcher die Seele wohnt, die hat irgendwann die Nase gestrichen voll und von dieser Person bekommst du dann halt eine auf den Deckel.

In Zukunft tu dir selber und der Person einen Gefallen und hilf nur noch dann, wenn du gefragt wirst. Das heißt jetzt nicht, dass du wie blind durch die Gegend rennen sollst. Doch wenn du jemanden siehst der ein Problem hat, dann geh einfach zu dieser Person und sag: „Hallo, ich kann dir helfen, wenn du das möchtest. Wenn du das möchtest, dann melde dich bei mir."
Doch spätestens dann mach auf dem Absatz kehrt und geh.

Manchmal ist es unwahrscheinlich schwer so zu handeln.
Mit anderen Worten, wir können den Seelen der Menschen um uns herum nicht die Erfahrungen ersparen, sie müssen sie einfach selbst erleben, nur so wächst die Seele und natürlich auch der Mensch daran. Also bitte, hilf nur dann, wenn du gefragt wirst, auch wenn es dir noch so schwer fällt zuschauen zu müssen. Das Einzige was du tun kannst ist, da zu sein.

Bei der Sechs gibt es zwei sehr wichtige Regeln, welche wir lernen dürfen. Das war die Erste.
Hilf nur dann, wenn du gefragt wirst!

Wenn dann eine Seele die Erfahrung letztendlich gemacht hat und die Person trotzdem noch Hilfe braucht wieder auf die Beine zu kommen, also wenn dann tatsächlich jemand zu dir kommt und dich um Hilfe bittet, dann solltest du die zweite Regel beachten.
Hilf nur dann, wenn es dir damit gut geht!

Gaaaaanz wichtig! Wenn jemand deine Hilfe wünscht überlege dir sehr genau, ob es dir gerade selbst überhaupt gut geht. Ob du überhaupt in der Lage bist zu helfen. Und überlege dir genau, ob es dir damit gut geht wenn du hilfst, oder ob du dich damit in eine Abhängigkeit begeben würdest.

Ich erlebe es ganz häufig bei Kundinnen von mir, welche z.B. mehr oder wenig dazu verdonnert werden eines ihrer Elternteile im Alter zu pflegen. Wo sie dann zu hören bekommen: „Du bist meine Tochter und ich bin krank und du musst mich jetzt pflegen".
Die Tochter sagt dann ganz brav: „Ja natürlich pflege ich dich."
Doch gleichzeitig denkt sie: „Oh je, wie mach ich das, ich habe selber Kinder und Familie, die ich versorgen muss und dann noch meinen Job, den ich aufgeben müsste…"
Doch sie tut es. Und sie begibt sich in eine totale Abhängigkeit. Was passiert? Es wird alles zu viel, sie wird selbst krank und ist natürlich wieder die Dumme, weil sie dann nicht mehr richtig „funktioniert". Ich habe ich schon viele solcher Fälle in meinen Beratungen gehabt.

Also, wenn jemand kommt und deine Hilfe braucht, überlege dir gut, ob es dir damit gut geht wenn du hilfst, wenn ja kein Problem, dann darfst du helfen. Dann tu es mit Liebe und erwarte nichts dafür. Wenn du aber merkst, dass es dir vielleicht gerade selbst nicht gut geht oder du dich in eine Abhängigkeit begeben würdest oder du einfach nicht helfen möchtest, aus was für einem Grund auch immer, dann sei ehrlich und steh zu dir und sage:
„Nein, tut mir leid, ich kann dir nicht helfen, aber ich helfe dir Hilfe zu suchen."

Also noch einmal, man kann es nie oft genug sagen:

1,   Helfe nur dann, wenn du gefragt wirst!
2.   Helfe nur dann, wenn es dir selbst gut damit gohtl

Wenn du diese zwei Regeln beachtest, dann geschieht etwas Wunderbares. **Dann geschieht nämlich Heilung!** So einfach kann alles sein. Wenn du diese zwei Regeln beachtest, heilst du deinen Selbstwert und deine Selbstverantwortung.

Jeder Mensch, egal ob groß oder klein, ist für sich selbst verantwortlich. Jedes Wesen unter Gottes Himmel hat ein wunderbares Geschenk bekommen, nämlich den eigenen Willen und deshalb ist jeder Mensch für sich selbst verantwortlich. Erinnere dich an das Kapitel, in dem es um die Neun ging und dass wir alles, was wir hier auf der Erde erleben uns selbst heraussuchen. Die eine oder andere Seele ist so nett und hilft uns dabei Erfahrungen zu machen. Wenn du die erste Regel lebst, lässt du dem Menschen seinen eigenen Willen und gibst ihm eine Chance zu lernen.

Und wenn du die zweite Regel lebst, dann lernst du dabei Selbstverantwortung. Du lernst auf dich selbst acht zu geben. Nur wenn es dir selber gut geht und du auf dich achtest, geht es den Menschen um dich herum auch gut. Das heißt, wenn du die zwei Regeln lebst, geschieht, wie schon erwähnt, bei dir und bei den Menschen um dich herum Heilung. Wenn man in der eigenen Familie damit anfängt kann man ganze Familiendramen „heilen".

Wenn du Heilung unterstützen möchtest, visualisiere den Lichtkristall OSAM* (Heilung). Du kannst diesen Lichtkristall auch über Zeit und Raum zu anderen Menschen oder zu dir selbst schicken. Er wird das bewirken, was zum höchsten und besten Wohl für den Jeweiligen ist. Vergiss Mutter Erde nicht, welche auch ganz dringend Heilung benötigt!

Tja und in jedem Sechser steckt dann letzten Endes wirklich ein Heiler. Doch du hast ja gemerkt, heilen kann so einfach sein. Die meisten Sechser sind übrigens tatsächlich in irgendwelchen sozialen Berufen zu finden, wo es um den Dienst am Nächsten geht. Da fühlen sie sich wohl und erfüllt.

Die Fünf –
Freiheit, Veränderung und Natur

Ein Fünfer steht sehr häufig im Mittelpunkt, auch wenn er das gar nicht möchte. Überlege mal bei welchen Gelegenheiten du oft im Mittelpunkt stehst?

Auch motivieren kannst du bestimmt sehr gut, wenn sich so ein Fünfer in deinem Code tummelt. Ein Fünfer reist auch sehr gerne, wenn er die Möglichkeit dazu hat. Ist dir so etwas auch bekannt? Und vor allem liebt er die Freiheit. Wenn man einen Fünfer versucht einzusperren hat man ganz schlechte Karten. Das lassen die Fünfer überhaupt nicht mit sich machen.

Du liebst auch bestimmt die Veränderung und neigst dazu diese in irgendwelchen Bereichen im deinem Leben auszuleben. Bei Fünferkindern oft zum Leidtragen der Mutter. Ein Fünferkind möchte heute Fußball spielen, morgen dann lieber Handball und am nächsten Tag fällt ihm ein, dass Handball doch langweilig ist und es lieber Ballett tanzen möchte. Das heißt mit anderen Worten, der Fünfer ist soooo neugierig, dass er überall seine Nase reinstecken und alles ausprobieren muss, jedoch nur so lange wie es ihn interessiert. Wenn es ihn nicht mehr interessiert kann er genauso schnell wieder aufhören wie er angefangen hat. Tja, das ist seine Art und Weise die Veränderungen zu leben.

Es kann durchaus auch sein, dass du sehr häufig deinen Beruf oder deinen Partner wechselst. Oder räumst du immer wieder deine Wohnung um oder liebst es umzuziehen? Das wäre typisch Fünf.

Ich hatte mal eine Freundin die in einer Drei-Zimmer-Wohnung wohnte. Jedes Mal, wenn ich sie besuchte durfte ich das Wohnzimmer in einem anderen Zimmer suchen. Ich habe es nie verstanden, wie man eine 3 Zimmer-Wohnung so oft umräumen kann.

Mein Söhnchen Florian hat übrigens auch eine sehr dominante Fünf in seinem Code. Das heißt, wenn Indigos, die sowieso nur das machen was sie für richtig halten, dann auch noch eine Fünf in ihrem Code haben, dann wird es ganz interessant.

Ich weiß nicht wie viel Ausbildungen, Jobs und Hobbies er schon angefangen und nicht zu Ende gebracht hat. Damals habe ich das nicht verstanden, heute habe ich vor diesem Verhalten Respekt, weil er immer authentisch ist und nur wirklich das macht was ihm gefällt und wenn er hinter einem Hobby, Job oder sonst was nicht mehr steht, beendet er es halt. Der Vorteil davon ist, dass sich die Fünfer mit diesem Verhalten ein sehr breites Wissen aneignen, weil sie ja überall mal die Nase drin hatten und mitreden können. Im Alter kann das sehr hilfreich sein, weil, wie gesagt, dann ein sehr breit gefächertes Wissen vorhanden ist.

Wenn dann noch eine Sieben im Code vorhanden ist kann daraus ein richtig guter Wissenschaftler oder Lehrer werden. Weil die Sieben dann dort weiter forscht wo es der Fünf gefällt.

Feierst du auch mal gerne ein Fest und bist gerne auf Partys unterwegs? Bestimmt, oder? Und wenn du das dann tust bist du meistens auch der Letzte, der wieder nach Hause geht. Naja, wenn du jetzt ein etwas älterer Fünfer bist ist das vielleicht nicht mehr so ausgeprägt, doch denk an deine jungen Jahre.

Wenn du gar kein Mensch bist der gerne feiern geht, dann könnte es sein, dass du diesem Aspekt der Fünf nicht genügend Spielraum gibst. Es muss übrigens nicht eine Party im üblichen Sinne sein. Man kann sich auch mit einer Freundin bis morgens um Vier Uhr verquatschen und Spaß haben.

Ganz sicher ist es allerdings, dass du ein Genussmensch bist. Wobei ich da bei den Fünfern immer sagen muss:
Genieße in Maßen und nicht in Massen, weil sonst wird es zur Sucht!

Ja, Fünfer sind sehr suchtgefährdet. Vor allem die Fünfer, die nicht ihre Freiheit leben. Sie versuchen dann mit den Süchten diese Freiheit zu bekommen.

Es muss aber noch nicht einmal Drogen oder Alkohol sein, nein, es gibt noch ganz viele andere Süchte. Bei uns Frauen z.B. Handtaschen-kaufsucht, Schuhkaufsucht, Bücherlesesucht usw. oder bei Männer vielleicht Arbeitssucht, Werkstattbastelsucht oder überhaupt Esssucht, Sexsucht oder einfach nur Chipsesssucht oder Schokoladenesssucht. Alles ok, aber halt in Maßen und nicht in Massen!

Bist du übrigens gerne in der Natur? Im Prinzip schon, aber allerdings viel zu wenig, hab ich Recht? Fünfer gehören in die Natur, es sind im Prinzip richtige Naturburschen. Und wenn es dir dann mal nicht so gut geht, dann geh bitte in die Natur. Sie ist für dich wie ein Akkuaufladegerät. Wirklich, weil die ganzen Wesen, die dort leben, die Pflanzendevas, die kleinen Elfen und Pflanzenfeen usw., dann an deinem Energie-system arbeiten und dich wieder in Ordnung bringen.
Es würde mich übrigens auch gar nicht wundern, wenn du diese We-sen in irgendeiner Form wahrnehmen kannst. Vielleicht siehst du sie ja sogar? Doch das muss es gar nicht sein, vielleicht hörst du sie oder riechst ihren lieblichen Duft oder du spürst einfach ihre Anwesenheit. Achte einmal darauf.

Gehe doch einfach einmal in den Wald Bäume knuddeln. Hört sich total komisch an und sieht auch urkomisch aus, doch die Bäume sind gute Zuhörer und Tröster und auch die Baumgeister sind wahre Heiler. So ein Baumstamm ist übrigens überraschend warm, auch im Win-ter. Oder lege dich im Sommer einfach mal in eine wunderschöne Wiese und spüre Mutter Erde unter dir, verbinde dich mit ihr, du wirst staunen, was sie dir alles erzählt.

Wenn du das Gefühl hast, dass das, was ich über die Fünf geschrie-ben habe, irgendwie alles auf dich passt, du jedoch sehr selten in der Natur bist, dann ändere das. Die Naturwesen warten auf dich, sie würden sehr gerne mit dir zusammen arbeiten. In welcher Form auch immer.

Es gibt für mich drei verschiedene Natur-Fünfer. Der Pflanzen-Natur-Fünfer – das sind die „Kräuterhexen", die Pflanzenliebhaber, die Bota-niker und die Steinesammler unter den Fünfern.
Der Tier-Natur-Fünfer – das sind die Hunde, Pferde, Katzenliebhaber,

Tierschützer usw., sie ziehen die Gemeinschaft mit ihren Tieren auch meistens den der Menschen vor.

Dann gibt es noch die Menschen-Natur-Fünfer. Das sind die Fünfer, die meistens mit Menschen arbeiten, wenn sie das tun, dann sind es aber lustigerweise nur ganz kleine, sprich Kinder, oder ganz große, sprich Senioren. Das heißt, diese Fünfer finden wir meistens als Kindergärtner oder Lehrer, oder in der Altenpflege. Und jene, welche in der Altenpflege arbeiten, arbeiten dann sozusagen mit den inneren Kindern dieser Menschen.

Es gibt natürlich auch Mischungen der drei Fünfer. Wie ist es bei dir, kommst du gut bei Kindern an? Es ist oft bei jungen Fünfern so, dass sie bei Kindern und bei alten Menschen sehr gut ankommen, sich aber überhaupt nicht vorstellen können mit ihnen zu arbeiten.
Wenn es bei dir so ist, bitte tu dir einen Gefallen: Wenn das Thema Kinder oder alte Menschen in deiner beruflichen Laufbahn irgendwie auf den Plan kommt, wehre dich nicht dagegen. Wenn du dann auch noch ein Indigo bist, bitte nimm die Arbeit mit Kindern an.

Viele ältere Indigo-Erwachsene oder jene, die jetzt junge Indigo-Erwachsene sind, haben Fünfer in ihrem Code. Das ist ein Hinweis darauf, dass sie mit Kindern arbeiten sollen, weil sie diese „Neuen Kinder" verstehen wie kein anderer. Diese „Neuen Kinder", oder ganz junge Indigos, brauchen uns „Große", damit wir ihnen den Rücken stärken können. Weil ihre Energie viel zu fein ist, um sich in dieser Welt durchsetzen zu können.

Auch die Senioren brauchen uns Indigos, weil wir den inneren Kindern dieser älteren Menschen eine neue Sichtweise geben können und so alte Programme bei ihnen löschen können, damit sie wieder mehr Geborgenheit und Liebe empfinden. Ich finde dies eine wunderschöne Aufgabe.

Doch vielleicht sind dir Tiere viel lieber als Menschen. Dann unterstütze sie wo du kannst. Es gibt wundervolle Dinge, mit denen wir diesen Wesen helfen und sie unterstützen können. Weißt du eigentlich was viele Tiere hier auf der Welt für uns tun? Die „ganz normalen" Haustiere wie Hund, Katze, Hamster usw. tragen meist die Themen ihrer Besitzer. Das hat es schon oft gegeben, dass z.B. ein Hund die Krankheit Krebs für sein Herrchen getragen hat. Der Hund war hinterher tot, doch das Herrchen wurde wieder gesund.

Mit meinem Ex-Mann habe ich oft mit Tier und Besitzer gearbeitet. Da waren wir wirklich ein gutes Team. Er konnte die Sprache der Tiere übersetzen. Das heißt, jemand kam mit einem kranken Tier zu ihm und er hat sich dann mit dem Tier telepathisch unterhalten. Das Tier hat ihm dann sozusagen sein Leid geklagt.
Dann hat er es mir erzählt und ich habe das Thema dem Menschen erklärt. Oft haben die Menschen erst über ihr Tier ihre eigenen Themen und Baustellen bemerkt und sind diese dann zum Glück angegangen, aber nur, weil sie ihr Tier so liebten. Für sich selber hätten sie es vielleicht gar nicht getan. Dank dem Tier!

Oder die Engel der Meere, die Delfine und Wale. Wenn diese Tiere mal nicht mehr sind, dann gibt es uns Menschen auch nicht mehr lange. Diese Tiere tun so viel für uns. Halten so weit es geht die Energien stabil auf dieser Erde. Ach, eigentlich brauchen alle Tiere unsere Hilfe und wenn sie noch so klein sind.

Es könnte natürlich sein, dass Tiere nicht so dein Ding sind und du eher zu den „Kräuterhexen" gehörst und du dich mit den Kräutern recht gut auskennst und Salben und Tinkturen herstellst. Oder du kennst die vielen Heilkräuter aus der Natur und weißt immer gleich mit welchem Kraut man ganz schnell wieder auf die Füße kommen kann. Vielleicht hast du aber auch einen grünen Daumen und bringst jede Pflanze wieder auf Vordermann. Oder du hast einen guten Bezug zu Mineralien und weißt etwas damit anzufangen.

Wenn du dich dazugehörig fühlst, dann hör bitte nie auf, Lebe wirklich **mit** der Natur und in der Natur und bringe es den Menschen wieder bei. Es haben so viele Menschen verlernt mit der Natur zu leben. Viele Kinder denken die Milch kommt aus dem Kühlschrank und nicht von der Kuh. Viele junge Erwachsene kennen sich nicht mehr wirklich mit Gemüse und Obst aus, geschweige denn wie man diese anpflanzt. Ja, es ist traurig aber wahr. Bitte bring den Menschen die Natur wieder nahe. Wir werden Menschen wie dich bald wieder brauchen. Dann,

84

wenn es vielleicht keinen Strom mehr gibt und wir unsere Welt neu aufbauen dürfen.

Wenn die Fünfer es schaffen die Natur zu befreien, sind wir alle wieder frei. Dann lebt die Fünf ihre Freiheit und kann es uns anderen lehren.

Da allerdings ganz viele Menschen in ihrem Code eine oder mehrere Fünfer haben, geht das uns alle an!

Damit wir das tun können brauchen wir trotz allem sehr viel Disziplin und Ordnung.
Tja, und wer wäre da besser dafür geeignet als die Vier. Gehen wir also von der chaotischen, freiheitsliebenden, naturliebenden Fünf zur geordneten und disziplinierten Vier.

Die Vier -
Ordnung und Disziplin

Ich habe schon immer ein Haus als eine Vier wahrgenommen, deshalb hat die Vier bei mir mit allem zu tun, was mit einem Haus zu tun hat. Das hört sich jetzt komisch an, doch ich werde es dir erklären.

Wenn du ein Haus bauen möchtest, dann musst du erst einmal darüber nachdenken, wie denn dieses Haus aussehen soll. Denken ist ein Aspekt der Vier und das dürfte dir sehr bekannt vorkommen, wenn du den einen oder anderen Vierer in deinem Code hast. Spätestens abends, wenn du ins Bett gehst, dann geht im Kopf die Denkmaschine an, wenn sie nicht schon den ganzen Tag läuft. Völlig normal bei Vierern!
Wenn du dann darüber nachgedacht hast wie dieses Haus aussehen soll und du hast ein Bild davon in deinem Kopf, dann brauchst du natürlich einen Bauzeichner und einen Architekten, welcher das ganze mit Ordnung und Disziplin aufzeichnet. Tut er das ganz unordentlich fällt das Haus vielleicht am Ende ein. Auch Ordnung und Disziplin ist ein Aspekt der Vier. Vierer sind unwahrscheinlich ordentlich und diszipliniert. Naja, zu Hause vielleicht nicht so, doch was die Arbeit angeht, da können sie sehr ordentlich und diszipliniert sein. Es gibt natürlich auch Vierer, die in beiden Bereichen ordentlich sind. Doch meistens ist es so, dass vor allem junge Vierer da nicht so gut drin sind.

Doch die Ordnung der Vierer wird auch oft nicht als solche gesehen. Diese Menschen haben meist einen ganz eigenen Ordnungssinn. Was für viele vielleicht nach Chaos aussieht ist für Vierer eine geordnete Unordnung.
Vierer finden sich besser zurecht, wenn alles an dem Platz liegt, den der Vierer ausgesucht hat und das kann auch mal mitten auf dem Tisch sein. Doch wenn man es wegräumt, merken sie das sofort und suchen wie wild.
Oft ist diese Ordnung der Vier wie ein innerer Zwang, auch wenn es nicht wie Ordnung aussieht.

Eines sind Vierer aber auf jeden Fall, nämlich zuverlässig. Man kann sich 100%ig auf sie verlassen.

Wenn dann die ganze Idee aufgezeichnet ist geht es zum Hausbau. Ein Hausbau ist sehr viel Arbeit. Also auch Arbeit ist ein Aspekt der Vier. Vierer arbeiten wahnsinnig viel und gerne und wenn sie dann mal Urlaub haben, liegen sie im Liegestuhl und überlegen sich, was sie als nächstes tun könnten. Kennst du das? Oder bist du eher der Faule? Oft werden die Vierer nämlich auch als faul bezeichnet. Das ist nicht wirklich so. Wenn Vierer gar nichts tun, oder es zumindest so aussieht, dann arbeiten sie oft auf Hochtouren. Dann ist nämlich die Denkmaschine im Kopf wieder aktiv.
Zum Hausbauen braucht man natürlich auch Bauarbeiter oder Handwerker. Also auch Händearbeit ist ein Aspekt der Vier. Das Arbeiten mit den Händen. Da ist es dann völlig egal, ob das ein Masseur ist, jemand der malt, bastelt oder tatsächlich Handwerker wie Maurer, Schreiner usw. ist. Mit anderen Worten, du bist sehr praktisch veranlagt. Das heißt, du brauchst jetzt nicht unbedingt jemanden der dir hilft ein Regal zusammen zu bauen. Das bekommen die Viererfrauen fast noch besser hin als wenn ein Nicht-Vierer-Mann helfen würde.

Genau so sind die meisten Vierermänner, die Männer, welche tatsächlich fast alleine ein Haus bauen, weil sie einfach so geschickt sind und fast alles alleine können.

Wenn dann so ein Haus fertig ist, hat man meistens vier Wände um sich herum und ein Dach über dem Kopf. So und jetzt wird es interessant. Ein positiver Vierer fühlt sich in diesen vier Wänden sehr wohl und geborgen. Ein nicht so positiver Vierer sucht diese vier Wände eher als Sicherheit auf. Merkst du den Unterschied?
Ein nicht so positiver Vierer würde niemals eine Wohnung kündigen, bevor nicht eine neue in Aussicht ist. Er würde niemals einen Job kündigen, bevor nicht der neue Arbeitsvertrag unterschrieben ist. Er hat auch immer einen Notgroschen auf der Seite, man weiß ja nie!

So ein Vierer kontrolliert übrigens auch sehr gerne. Er kontrolliert andere, doch eins kontrollieren diese Vierer garantiert – nämlich sich selbst!

Was ist eigentlich Kontrolle? Kontrolle ist eine Angst. Es ist die Angst, etwas zu verlieren. Wenn du kontrollierst, ob dein Handy in der Tasche ist, hast du Angst das Handy zu verlieren. Wenn du deinen Freund kontrollierst, hast du Angst den Partner zu verlieren. Wenn du dich jetzt aber selbst kontrollierst, was kannst du denn da verlieren? Dich selbst? Hört sich komisch an, oder? Nein, du hast Angst deine Struktur zu verlieren. Du hast Angst Fehler zu machen und dadurch Job, Freunde usw. zu verlieren.

Angst jedoch braucht im Prinzip kein Mensch, denn sie blockiert uns. Tja, und wenn wir blockiert sind, dann geht nämlich gar nichts mehr.

Was wäre denn das Gegenteil von Angst? **Vertrauen!** In dem Fall Selbstvertrauen. Wenn du dir selbst vertraust, dann brauchst du nicht nachschauen, ob das Handy in der Tasche ist, dann weißt du, dass du es rein getan hast. Wenn du dir selbst vertraust brauchst du auch nicht 3-mal ins Haus rennen, um zu sehen ob du auch ganz bestimmt den Herd ausgemacht hast, bevor du gehst, dann weißt du, dass du ihn ausgemacht hast. Wenn du dir selbst vertraust, dann brauchst du auch deinen Freund nicht kontrollieren, weil du weißt, dass du das Beste bist was er bekommen kann und wenn er meint, sich irgendwie anderweitig vergnügen zu müssen, tja, dann gibt es noch mehr hübsche Mütter mit hübschen Kindern.

Wenn du dir selber vertraust, dann brauchst du dich auch selbst nicht mehr kontrollieren, dann gibt es nämlich kein „falsch" mehr. Dann gibt es nur noch „richtig". Dann ist alles was du tust richtig. Denn in dem Moment, wenn du es tust, erscheint es dir doch als richtig, sonst würdest du es doch nicht tun, oder? Und selbst wenn es „falsch" wäre würdest du eine Erfahrung daraus machen, mit der du anderen Menschen wieder helfen kannst. Dann hast du doch wieder alles richtig gemacht! Weil, wenn man etwas nicht erlobt hat kennt man sich mit dem Thema doch gar nicht aus, oder?

Ich durfte das auch lernen. Als ich anfing selbständig mit meinen Themen und Produkten auf Messen zu gehen und dort dann auch Vorträge hielt, überlegte ich mir vor jedem Vortrag ganz genau was ich sagen sollte, um ja nichts „falsches" zu erzählen. Letztendlich war es jedoch dann meistens so, dass ich alles Mögliche erzählt habe, nur

nicht das, was ich mir vorgenommen hatte. Dann ging ich nach dem Vortrag immer ganz unzufrieden zu meinem Stand und dachte: „Oh weh, der war gar nicht gut, der Vortrag."
Aber du weißt ja inzwischen wie das mit der Bewertung so ist. Was ist gut und was ist schlecht? Es war letztendlich nur ein Vortrag. Bewerten tut diesen jeder für sich alleine. Der eine so, der andere so.
Meine Kunden hatten da wohl eine andere Bewertung als ich, weil sie nämlich immer alle kamen und den Vortrag lobten. Dieser hätte sie total berührt usw. Ich habe das lange nicht verstanden, bis ich dann darauf kam, dass ich genau das gesagt hatte was für die Menschen, die in meinem Vortrag waren, eben gerade wichtig war. Das, was ich für mich vorgenommen hatte zu sagen, war vielleicht für mich wichtig, doch diese Menschen hatten ein kollektives Bewusstsein bei dem eben gerade ganz andere Themen wichtig waren.

Seit ich das verstanden habe schau ich mir an welches Thema gerade dran ist, stell mich hin und rede. Inzwischen weiß ich ganz genau, dass das was ich da sage, egal was es ist, genau für diese Menschen bestimmt ist. Ich werde geführt. Ich vertraue meiner Eingabe, die ich bekomme, ich vertraue mir selbst.

Wenn du dir selbst vertraust, kommst du in deine innere Mitte. Wenn du in deiner inneren Mitte bist, bist du innerlich geordnet und ruhig. Dann passiert etwas total schönes, dann kannst du nämlich diese innere Ordnung und Ruhe an andere Menschen über dein Herzchakra, (dem Energiezentrum, welches sich tatsächlich in der Nähe deines physischen Herzen befindet) welches übrigens das 4. Chakra ist, und über deine Aura (dem Energiefeld um dich herum) weitergeben und schaffst somit eine übergeordnete Ordnung. Das passiert dann von ganz alleine.
Es gibt nämlich ein universales Gesetzt, welches da lautet: „Wie oben so unten, wie innen so außen."
Das heißt, wenn du in dir selbst ruhig und geordnet bist ist es in deiner Umgebung und im Außen genauso.

Manchmal merkst du das vielleicht schon. Wenn sehr unruhige Menschen um dich herum sind, dann werden diese in deiner Gegenwart erstaunlich schnell ruhig, oder? Achte einmal darauf. Wenn das so ist kannst du es ja schon. Jetzt musst du das nur noch für dich hinbekommen. Da kannst du als Unterstützung mit dem Lichtkristall MONA´OHA * (Vertrauen) arbeiten oder auch mit dem Lichtkristall AVATARA* (Zentriertheit).

Wenn du es schaffst in dir diese Ruhe und Ordnung zu erzeugen, bringst du automatisch diese Ruhe und Ordnung ins Außen und andere Menschen werden auch ruhig und geordnet und diese geben es dann wieder weiter usw. Das ist dann wie ein Dominoeffekt. So könnten wir es schaffen eine liebevolle Ruhe und Ordnung auf der Welt zu erschaffen.

Allein nur damit, dass wir diszipliniert uns selbst vertrauen und dadurch zu Ruhe und Ordnung kommen.

Alle Vierer haben eine sehr wichtige Aufgabe – sie sind hier auf der Erde die Ordnungsbringer.

Die Drei -
Leichtigkeit, Kreativität und Ausdruck, das Sonnenkinder

Die Drei ist die Leichtigkeit und die Kreativität. Ich sag immer Dreier-menschen sind Sonnenkinder. Sie bekommen alles auf dem Silber-tablett serviert und können ihr Leben in Leichtigkeit und ohne irgend-welche Hindernisse leben. Alles funktioniert einfach so. Allerdings nur unter einer Voraussetzung. Sie müssen sich kreativ zum Ausdruck bringen und zwar praktisch genauso wie verbal.

Jetzt gibt es bei den Dreiern meistens 2 Fraktionen. Die einen bringen sich überhaupt nicht zum Ausdruck, weder praktisch noch verbal und haben dadurch ein nicht so tolles Leben, und die anderen sind sehr kreativ, zumindest mal im praktischen Bereich und bringen sich aber verbal nicht zum Ausdruck. Auch da klemmt es dann ein bisschen.

Die Drei erkennt man an sich durch sein Verhalten nicht unbedingt gleich auf Anhieb. Ich versuche es dir zu erklären.

Wenn du künstlerisch begabt bist und gerne Dinge machst wie Sin-gen, Tanzen, Schreiben, Malen, Zeichnen, Basteln, Handarbeit, Musi-zieren, Vorträge oder Seminare halten usw., aber ansonsten ziemlich zurückhaltend bist, was das kreative zum Ausdruck bringen deiner Gefühle angeht, dann hast du auf jeden Fall einen Dreier in deinem Code. Dann lebst du einen Teil dieses Dreiers Gott sei Dank schon, was dir zumindest dein Leben etwas leichter erscheinen lässt.
Jetzt darfst du nur noch lernen dich verbal besser zum Ausdruck zu bringen. Das heißt, spreche mehr über das, was du denkst und fühlst, vor allem mit den Menschen, welche dir etwas bedeuten. Vielleicht tust du es ja auch hin und wieder, doch wie machst du es? Gehst du dabei diplomatisch vor?

Die meisten Dreier sagen erst mal gar nichts. Wenn sich dann in die-sem Code noch eine Zwei tummelt wollen sie sowieso nur Harmonie im Leben. Das heißt, du würdest dir dann lieber die Zunge abbeißen bevor du deinem Gegenüber irgendetwas sagst, was vielleicht die Harmonie stört. Oder du willst den anderen nicht verletzen oder hast sogar Angst, dass der andere dann nichts mehr von dir wissen will. Tja, und das machst du dann immer wieder und wieder und frisst alles in dich hinein und immer mehr… bis dann eines Tages das Fass überläuft und du explodierst. Und dann geht es los mit „du bist Schuld" und „du hast" und „wenn du nicht…" usw.

Mit diesen Du-Sätzen tust du dir und anderen nicht unbedingt einen Gefallen. Vor allem nicht, wenn du diese in deiner Wut von dir lässt. Wenn man diese wütenden Du-Sätze sagt macht der andere erst mal dicht, weil er sich unter Umständen angegriffen fühlt, und dann geht gar nichts mehr. Wenn man diese wütenden Du-Sätze dann noch bei einem Dreier-Mann sagt, hat man meistens Pech, weil der dann aufsteht, geht und gar nichts mehr sagt, d.h. kein Gespräch ist mehr möglich.

Wir Frauen sind, glaube ich, einfach mit mehr Wörtern ausgestattet worden als die Männer. Uns Frauen fällt es leichter über Dinge zu reden.
Jahrhundertelang wurde den Männern ja auch beigebracht, keine Schwäche und Gefühle zu zeigen. Wenn ein Kriegsherr irgendwelche Gefühle gezeigt hätte in einer Schlacht wäre es wohl nicht sonderlich hilfreich gewesen. Man hätte ihn ja genau an diesem Punkt verletzen können. Und dann auch noch darüber zu reden? Geht ja gar nicht! Uns Frauen wurde jahrhundertelang beigebracht den Mund zu halten und keine eigene Meinung zu haben.

Doch die Zeiten haben sich verändert, zum Glück. Seit dem Jahr 2000 dürfen die Männer wieder lernen ihrer Intuition zu folgen, auf ihre Gefühle zu hören und diese auch zum Ausdruck zu bringen. Was natürlich alles andere als einfach ist. Doch ihnen bleibt fast nichts anderes übrig. Und der eine oder andere hat schon gemerkt, dass Schwäche zeigen durchaus eine der größten Stärken sein kann.

Wir Frauen dürfen allerdings auch wieder etwas lernen. Nämlich selbständig unser Leben zu leben. Wieder unsere eigene Macht, unser

Wissen, zu leben. Auch das ist alles andere als leicht für uns. Doch zum Glück haben wir ja alle uns. Die Männer haben uns Frauen, wir leben euch dieses Thema gerne vor und helfen euch dabei Gefühle zu zeigen. Und wir Frauen haben zum Glück euch Männer, weil ihr uns dabei helfen könnt wieder selbständig und eigenständig zu sein. Auch von euch können wir lernen. Wäre doch schön, wenn wir es alle zulassen würden, voneinander zu lernen.

Wenn dich etwas in deinem Leben stört oder wenn irgendjemand nicht so mit dir umgeht, wie du es gerne haben möchtest. Wenn jemand dich verletzt hat oder deiner Meinung nach einfach nicht nett zu dir war, dann darfst du das sagen. Bring dich zum Ausdruck, rede von deinen Gedanken und Gefühlen.
Es hört sich ganz anders an, wenn man sagt: „Hey, ich fühle mich gar nicht gut, wenn das und dies in meinem Leben passiert. Ich würde mich aber viel wohler fühlen, wenn es so oder so wäre. Vielleicht finden wir da zusammen eine Lösung."
So wird dieser Jemand sanft auf etwas hingewiesen was dir eben nicht gefallen hat und vielleicht hat er es gar nicht bewusst gemacht. Jetzt kann er sich darüber Gedanken machen und vielleicht löst sich dann alles so auf, wie es für alle am Besten ist.

Wenn jedoch dieser Jemand das nicht ernst nimmt was du ihm von dir erzählt hast und er immer noch respektlos mit dir umgeht oder sich sogar darüber lächerlich macht – sorry, dann hat dieser Jemand nichts mehr in deinem Leben zu suchen.

Ganz viele Menschen dürfen wieder lernen ihre Drei so zu leben. Vor allem die etwas älteren unter uns. Denke mal daran wie es war als du noch kleiner warst. Da musstest du oft den Mund halten. So nach dem Motto: „Wenn sich Erwachsene unterhalten haben die Krümel den Mund zu halten!"
Kennst du den Spruch noch? Den gibt es glaube ich heute noch viel zu oft. Naja, vielleicht hast du einfach auch sowieso deinen Mund gehalten, dann hat man dich lieber gehabt, nicht wahr! Es erschien einem wenigstens so.

Wenn du sagst was du denkst und was du fühlst, dann wissen die Menschen auch was du möchtest oder was du brauchst. Dann besteht die Möglichkeit, dass du es auch bekommst. Wenn jeder Mensch mehr über sich sprechen würde, würde es wesentlich weniger Missverständnisse geben und somit mehr Harmonie.

Das hat auch was mit Ehrlichkeit zu tun. Dann ist man nämlich auch zu sich selbst wieder ehrlicher, was sich natürlich dann auch im Außen spiegelt.

Jetzt haben wir allerdings noch die Dreier, die weder von sich sprechen, noch irgendetwas anderes kreatives tun. Deren Leben sieht dann dementsprechend traurig aus. Dann höre ich immer so Dinge wie: „Ach, früher war ich sehr kreativ, da hab ich alles Mögliche gemacht, doch jetzt habe ich da keine Zeit mehr dafür."

Schöne Ausrede, die kenn ich auch, die hab ich auch schon benutzt. Tja, dann dürfen wir allerdings nicht jammern, wenn es gerade etwas schwerer im Leben ist.

Wenn es dir nicht so gut geht, überlege dir in welchem Bereich du dich wieder etwas mehr zum Ausdruck bringen möchtest. Ist es der praktische Bereich, dann singe, und wenn es nur beim Duschen oder Autofahren ist, oder tanze, und wenn es nur zu Hause während dem Kochen oder einfach in der Wohnung ist. Schreibe, es muss nicht gleich ein Buch sein, doch ein Tagebuch wäre doch eine Idee. Male und zeichne, bring dich mit Farben und Formen zum Ausdruck. Oder bastele irgendetwas... was auch immer, aber mach was. Vor allem schaffe dir die Zeit dafür, es ist wichtig.

Ich habe neulich auch wieder meine Perlen und Bänder aus dem Schrank gezogen, weil ich gemerkt habe, dass es schwerer wird. Ich habe nur noch gearbeitet. Dann entstanden mal schnell nette Armbänder und Ketten, welche sich meine zwei Mädels gleich zu eigen machten. Und mir ging es besser. Ich werde auch wieder mehr kreatives tun.

Wenn du jetzt gar nicht weißt was du machen sollst, dann überlege dir was du als Kind gerne gemacht hast. Mach es wieder, egal was es ist. Oder überlgege dir was du gerne getan hättest, wenn die Möglichkeit bestanden hätte. Mach es jetzt. Tu es einfach.

ERDUNG

Es gibt allerdings noch eine andere Seite bei der Drei. Die Drei ist eine sehr luftige Zahl unter der man viele Träumerchen entdeckt. Oft flüchten sich vor allem Dreierkinder in irgendwelche Träume, welche sie sich sehr kreativ ausmalen. Für diese Kinder und auch für diese Erwachsenen (welche es natürlich in diesem Bereich auch gibt) ist die Erdung ganz wichtig.

Früher hat man gelernt sich zu erden indem man aus den Fußsohlen Wurzeln in die Erde wachsen lässt. Das ist heute nicht mehr ideal! Ich habe euch schon erzählt, dass verstärkt seit 1987 die Energien hier auf der Erde ansteigen. Bei uns Menschen passiert dies, deshalb werden wir immer feinfühliger und vielleicht auch feinstofflicher. Bei unserer Mutter Erde passiert dies allerdings auch. Auch sie schwingt energetisch immer höher.

So, und jetzt stell dir mal vor, ein hohes energetisches Wesen, sprich der Mensch, und ein hohes energetisches Wesen, sprich die Erde, werden miteinander verbunden. Was gibt es dann? Na, eine noch höher schwingende Energie, oder? Die Mutter Erde braucht genauso wie wir Erdung. Da könnt ihr mit dem Lichtkristall ARIS* arbeiten. Wenn du nicht richtig geerdet bist kann es sein, dass du unwahrscheinlich kalte Füße hast oder dir ist es kalt obwohl es ganz warm ist. Wenn du dann noch Kopfweh dazu hast, ist es ziemlich sicher, dass du zu wenig Erdung hast. So etwas nennt man auch Lichtköpersymptome.

Jedes Mal wenn die Energien ansteigen versucht sich unser materieller, physischer Körper dem anzupassen. Das können dann tatsächlich Kopfschmerzen sein, oder Gelenkschmerzen, Muskelschmerzen oder sogar Grippesymptome. Wenn man dann noch zum Arzt geht (was du zum Abklären auf jeden Fall tun solltest) und der findet nichts oder weiß nicht wieso, weshalb, warum, dann kannst du ziemlich sicher davon ausgehen, dass dahinter ein Lichtkörpersymptom steckt. Dann arbeite mit dem Lichtkristall ARIS*. Visualisiere ihn und lass ihn durch dich durch schwingen. Schaue ihn dir an, stelle ihn dir immer wieder auf deinen Fußsohlen vor oder male ihn mit Kugelschreiber darauf. Es kann dir helfen (ersetzt aber nicht den Arzt!).

Es gibt eine ganz liebe Frau, die hat Socken entworfen mit diesem Lichtkristall darauf, tolle Idee.

Mutter Erde hat auch Lichtkörpersymptome, nämlich Erdbeben, Vulkanausbrüche, Unwetter usw. Auch sie muss sich immer wieder den Energien angleichen. Sollte in deiner Gegend ein Erdbeben oder Unwetter oder so etwas sein, dann schicke Mutter Erde diesen Lichtkristall ARIS*.
Du kannst der Mutter Erde auch ein nettes Geschenk machen. Wenn du einen Garten hast, dann besorge dir ein paar faustgroße Steine und lege mit diesen Steinen ARIS* auf die Wiese. „Lady Gaia" wird es bestimmt dankbar annehmen.

Wenn die Dreier etwas mehr geerdet sind, dann sind sie wieder voller Tatendrang. Dann haben sie zig Ideen im Kopf. Die einen wollen dann alles auf einmal machen. Stellen jedoch fest, dass sie sich verheddern. Die anderen wissen gar nicht mit was sie anfangen sollen und machen dann eben gar nichts. Kennst du das?

Diese Problemchen kenn ich auch. Ich setze mich dann meistens am Anfang der Woche hin und überlege mir, was ich alles tun möchte. Dann schreibe ich mir das der Reihe nach auf und fange mit dem ersten oben an der Liste an und genau das mach ich dann fertig bevor ich mit Nummer zwei oder drei weitermache. Weil das erste ist nämlich immer (auch wenn es unbewusst ist) das Wichtigste in diesem Moment. Wenn mir zwischendurch doch noch was einfällt, was ich vielleicht auch für wichtig halte, dann kommt dies ganz am Ende auf die Liste. Wenn es nämlich wirklich so wichtig gewesen wäre, wäre es schon als erstes gekommen. So etwas nennt man auch To-Do-Liste! Eine sehr wertvolle Hilfe für Dreier!

So, fassen wir mal zusammen. Die Dreier sind Sonnenkinder, welche die Leichtigkeit leben. Also die Drei ist die Leichtigkeit. Das ist sie allerdings nur, wenn sie sich kreativ zum Ausdruck bringt – praktisch ebenso wie verbal. Gerade wenn du auch eine Acht in deinem Code hast ist die Drei ein wundervoller Ausgleich und indem Fall auch unbedingt als Kreativität zu leben.

Seine Kreativität zu leben hängt oft auch davon ab, ob man es sich überhaupt zutraut. Ach übrigens, wenn ich dann immer von den Dreiern höre „Ich würde es ja gerne tun, doch so was kann ich nicht", ist das für mich überhaupt keine Ausrede es nicht zu tun.

Ich kann nicht heißt nämlich **ich will nicht.** Jetzt überlege dir mal, wie oft du in deinem Leben den Satz „Das kannst du nicht", gehört hast. Jedes Mal, wenn du diesen Satz gehört hast, hat man dich darauf programmiert es gar nicht zu wollen.

Mit solchen Sätzen kann man einem das Selbstvertrauen ganz schön versauen, was natürlich auch dazu führen kann, dass man gar nichts Kreatives mehr tut. Wenn man lange genug gehört hat, dass man etwas nicht kann, warum soll man es dann tun.

Ich kenne so viele Menschen, die eine wunderschöne Stimme haben und wunderschön singen können, es jedoch nie tun, weil sie als kleines Kind immer zu hören bekommen haben, dass sie mit dem Gekreische aufhören sollen. Oder Menschen, welche wunderbare, farbenfrohe Fantasiebilder malen könnten, es aber nicht mehr tun, weil das Malen den Vorstellungen des Lehrers in der Schule nie entsprochen hat und man deshalb schlechte Noten bekam. Diesen Menschen fehlt Vertrauen in sich selbst.

Für das Thema Vertrauen überhaupt ist übrigens die Zwei zuständig.

Die Zwei -
Harmonie, Diplomatie, Intuition

Die Zwei ist eine sehr weibliche, mütterliche Energie und ist sehr harmoniebedürftig. Wenn du die Zwei in deinem Code hast, kannst du es gar nicht leiden, wenn es irgendwo Streit gibt. Und wenn du einen Streit miterleben musst, dann schaust du ganz schnell, dass du diesen diplomatisch zu Ende bringen kannst. Gelingt es dir nicht diesen Streit diplomatisch zu Ende zu bringen, dann musst du den Raum verlassen in dem der Streit stattfindet. Du kannst es nämlich einfach nicht ertragen.

Die Zwei kann nicht gut alleine sein. Sie braucht ihr Gegenstück. Sie hat auch nicht unbedingt die Gabe neue Ideen auf den Tisch zu bringen. Nein, sie neigt eher dazu Ideen und Erfahrungen anderer abzuschauen.
Da sie eine sehr höfliche Art hat, sanft ist, sie gerne mit anderen Menschen zusammen arbeitet und einen sehr guten Gerechtigkeitssinn besitzt, könnte sie ein guter Diplomat, Vermittler oder Schlichter sein. Da sie allerdings dazu neigt, schüchtern zu sein, zieht sie es wahrscheinlich vor im Hintergrund zu bleiben.

Starke Gegensätze sind gar nichts für dich, da die Zwei etwas Schwierigkeiten hat sich zu entscheiden. Das wiederum verleiht dir die Fähigkeit Situationen neutral zu sehen. In Verbindung mit Ehrlichkeit und Ernsthaftigkeit kannst du damit viel erreichen. Schiedsrichter spielen wäre da eine tolle Rolle für dich. Zum Nachteil wirkt es sich natürlich aus, wenn wirklich schnelle Entscheidungen zu treffen sind. Als Begleiter beim Einkauf bestimmter Dinge hat man es bei dir nicht ganz so leicht, oder?

Solltest du dich mal gar nicht entscheiden können hilft dir der Lichtkristall DI´TRASO* (Entscheidung). Zentriere dich mit dem Lichtkristall AVATARA* (Zentriertheit) und löse dich von allen Werten und Vorstellungen. Visualisiere DI´TRASO* und bitte ihn um Hilfe. Er wird dir das zeigen, was zu deinem höchsten Wohl dient.

Die Zwei hat den alles überschauenden Blick. Sie bedenkt alles, weil sie kein Detail übersieht. Sie ist oft der Macher hinter der Bühne oder die rechte Hand des Chefs. Ich sag immer, Sekretärinnen ohne die der Chef gar nichts wäre, sind die besten Beispiele für Zweier. Bei festgefahrenen Situationen hat sie die Fähigkeit sich von dieser zu trennen und sie von der anderen Seite zu betrachten. Dies ist sehr hilfreich für ihr Weiterkommen.

Die Zwei steht auch für Gefühle und Emotionen und sie hat bzw. du hast eine wahnsinnig gute Intuition. Tja, wenn da nicht der Verstand wäre, welcher sich hin und wieder einmischt. Dieser sät dann ZWEIfel. Und dann haben wir den Salat, das größte Problem der Zweier. Spätestens jetzt dürftest du dich erkennen, wenn du eine Zwei in deinem Code hast. Wann hörst du endlich auf zu zweifeln?
Nun kommt etwas ganz wichtiges.

Zweifel sind kleine Ängste und Ängste blockieren uns und wenn wir blockiert sind, dann geht bekanntlich gar nichts mehr.

Was war noch gleich das Gegenteil von Angst? Wir hatten das schon bei der Vier. Ach übrigens 2 x 2 ist Vier!
Und - ja genau, **Vertrauen!**

Wenn wir lernen zu vertrauen, dann hat die Angst keine Macht mehr uns zu blockieren. Das Resultat davon ist, dass alles einfacher wird. Und da sind wir auch schon beim Lernthema der Zwei: **Sie möchte lernen zu vertrauen.** Sie möchte vor allem auch lernen ihrer Intuition zu vertrauen.
Menschen, die eine oder mehrere Zweier in sich tragen, dürfen lernen dem zu vertrauen was sie wahrnehmen. Was sie hören, fühlen, sehen, usw. auch wenn andere es nicht wahrnehmen. Wenn jemand sagt: „Hey, das bildest du dir doch nur ein." Was heißt das denn? Es heißt eigentlich nur, dass du dir ein Bild davon machst. Genau DEIN Bild! Und das ist ok so. Du hast eine extrem gute Intuition! Im Prinzip weißt du es auch, doch du traust dem nicht was du da wahrnimmst. **Vertraue dem, was du wahrnimmst!** Vertraue dir selbst!

Der Verstand ist durchaus wichtig. Es heißt nicht, dass wir den Verstand ausschalten sollen. Doch das, was mit unserer Intuition zu tun hat, da hat der Verstand nichts verloren.

Wenn die Zwei negativ gelebt wird, dann ist sie ein starker ZWEIfler ohne Selbstvertrauen. Und die daraus folgende Unentschlossenheit wird dann von Ängsten gejagt. Du fängst dann an dich zu verzetteln und neigst dazu es allen Recht zu machen. Das klappt natürlich nicht. Und am Ende bist du der Dumme, wirst traurig und neigst dazu ganz schön überempfindlich zu sein.

Mal ganz abgesehen davon. Wenn du dauernd zweifelst, was ja Ängste sind, und du dich darauf die ganze Zeit konzentrierst, dann richtest du deine ganze Energie auf genau das, wovor du eigentlich Angst hast. Da du das in dein Leben ziehst worauf du deine Energie lenkst, kommt es dann halt auch so. Das brauchst du doch nicht wirklich. Oder? Jetzt sagt man immer *„du brauchst nur positiv zu denken"*. Ich sag dir, das bringt gar nichts, wenn du kein gutes und schönes Gefühl dazu hast.
Doch du kannst eines tun. Wenn irgendwelche Zweifel oder Ängste hochkommen, dann pack sie in eine große imaginäre Blase. Stelle dir dazu eine große imaginäre Nadel vor und steche dann die große Blase einfach auf und denke dir dabei **„Bluff, Ungültig"**.
Dann geht die Blase mit einem Knall kaputt und weg sind die Zweifel und die Angst. An diese Stelle, wo die Blase war, setzt du das Bild, was du eigentlich haben möchtest mitsamt einem wunderbaren warmen, glücklichen Gefühl.

Es gibt jedoch noch ein anderes Hilfsmittel, nämlich der Lichtkristall MONA´OHA*. Einer der wichtigsten Lichtkristalle überhaupt. Wenn du von Ängsten und Zweifeln übermannt wirst, visualisiere dir sofort MONA´OHA, lass es durch dich durch schwingen und das hohe, lichtvolle, göttliche Wesen des Vertrauens kommt sofort zu dir und unterstützt dich dabei, im Vertrauen zu bleiben.
Wenn Situationen, wie z.B. eine Prüfung, ein Vorstellungsgespräch, ein Auftritt auf der Bühne oder vielleicht sogar eine Gerichtsverhandlung ansteht, dann stell dir diese Situation vor und visualisiere den Lichtkristall ELOO* (Widerstand transformieren) auf diese Situation.

Einer meiner Lieblingskristalle in unserer heutigen Zeit.
Ab heute gibt es keine Zweifel mehr, ok?

Wenn die Zwei positiv gelebt wird, findet sie die Schönheiten im Leben. Ihre liebevolle Art sehnt sich nach Zufriedenheit. Somit hast du die Gabe alles zusammenzubringen was zusammen gehört und Streit zu schlichten. Du kannst dich zu einer sehr einflussreichen Schwingung im Hintergrund entwickeln. Du hast immer nicht nur *ein Ohr* sondern gleich zwei für andere. Du solltest allerdings nicht vergessen, auch einmal *nur* an dich selbst zu denken und dich zu verwöhnen.

Es wird Zeiten geben, da wird Vertrauen überlebensnotwendig sein. Da werden vielleicht ganz viele Menschen sterben. Nicht weil sie umgebracht werden oder bei einem Erdbeben, einem Unwetter, oder bei Vulkanausbrüchen sterben. So sterben Menschen schon auch, doch sei dir darüber bewusst, warum sie so sterben. Bei den großen Erdbeben in Chile oder Japan und bei dem Geschehen mit den Atomkraftwerken sind auch viele Menschen umgekommen. Doch diese Seelen haben sich dafür bereit erklärt dafür zu sterben. Wir sollten uns bei ihnen wirklich bedanken, weil sie der Welt die Augen täglich ein Stück weiter öffnen. Danke!
Nein, sie werden an ihrer Angst sterben. Jetzt fang aber bloß nicht an, Angst davor zu haben an deiner eigenen Angst zu sterben. Musst du jetzt auch gar nicht mehr. Du hast oben die Übung mit „Bluff, Ungültig" gelernt und du hast den Lichtkristall MONA´OHA*. Bitte bring diese Hilfsmittel so vielen Menschen bei wie möglich!

Wenn wir lernen im Vertrauen zu bleiben, dann kommen wir immer mehr zu unserem ICH BIN.
Damit kennt sich übrigens die Eins ganz gut aus und genau diese schauen wir uns im nächsten Kapitel an,

Die Eins –
Pionier, Anführer, Chef

Zahlen sind für mich wie eigenständige Wesen und die Eins sehe ich als einen Chef. Ein Chef von einer richtig großen Firma. Dieser Chef sitzt an seinem Bürotisch und kann sehr gut delegieren und organisieren. Das kannst du bestimmt auch. Er hat hin und wieder wunderbare Ideen, mit welchen er als Pionier, als Anführer, oft anderen Menschen voraus geht. Dies sind auch oftmals Wissenschaftler, welche etwas Neues, Bahnbrechendes erfinden.

Manchmal sind diese Einser auch ziemlich dickköpfig und egoistisch. Kennst du das vielleicht von dir? Doch das ist schon in Ordnung. Ich sag immer: Wenn die Gebrüder, die das Fliegen erfunden haben nicht so dickköpfig und egoistisch gewesen wären, dann würden wir vielleicht heute noch laufen.

Es kommt immer darauf an, wie man diesen Egoismus oder diese Dickköpfigkeit lebt. Wenn ich sage, ich koche heute Rosenkohl und jeder in meiner Familie zieht die Nase hoch und ich mache ihn dann trotzdem, weil ich den jetzt halt will, dann ist das nicht unbedingt der Egoismus den man leben sollte.
Wenn ich jetzt aber sage, dass ich nicht aufhöre mit meiner Arbeit bis jeder sich wieder an das erinnert, was er hier zu tun hat, und dadurch meine Freunde hin und wieder darunter leiden dürfen, weil ich nicht so viel Zeit für sie habe, dann bin ich auch sehr egoistisch, aber nicht nur für mich – ich tue es für viele Menschen.

Ein Einser liebt es auch hin und wieder alleine zu sein. Er braucht Zeit für sich. Wenn es ihm zu viel wird, muss er auch mal hinter sich die Tür zu machen und braucht seinen Raum. Auch das dürfte dir sehr bekannt vorkommen, wenn du Einser in deinem Code hast.
Einser haben auch definitiv ein Problem mit Autoritätspersonen. Das merkt man überwiegend bei den Einser-Kindern. Diese Kinder haben oft Schwierigkeiten mit Autoritätspersonen, wie z.B. Lehrern. Wenn sie merken, dass der Lehrer unsicher oder nicht authentisch ist, dann

hat der Lehrer dann wirklich ein Problem mit diesem Kind. Das Kind hat nämlich keinen Respekt vor unehrlichen Menschen. Eins hasst es, wenn sie sich an irgendwelche Regeln halten muss und lebt daher gern nach ihren eigenen Regeln, um dadurch ihre Einzigartigkeit zum Ausdruck zu bringen.

Du kannst es übrigens auch nicht wirklich vertragen einen Chef vor der Nase zu haben. Außer der Chef ist ein Vorbild von dir, der wirklich Ahnung hat von seinem Gebiet, dann ist das in Ordnung. Wenn du jedoch einen Job hast, bei dem der Chef, der vielleicht auch noch unsicher auftritt oder ganz offensichtlich seine Macht demonstriert, andauernd sagt was du zu tun hast, da wirst du irre. Deshalb sollten die Einser am besten selbständig sein. Da können sie so arbeiten, wie sie es für richtig halten. Außer sie haben einen Job, bei dem sie selbständig arbeiten können, z.B. als Abteilungsleiter oder Lehrerin oder so. Sie sind jedenfalls richtig gut im Anleiten von Gruppen, als Anführer oder eben als Chef.

Bist du schon selbständig? Ja? Klasse, dann hast du das Problem schon mal in den Griff bekommen. Wenn nein – warum noch nicht? Das, was dich davon noch abhält, das sind dann tatsächlich diese Themen wie mangelnde Selbstliebe, mangelndes Selbstwertgefühl, mangelndes Selbstbewusstsein und vor allem mangelndes Selbstvertrauen.
Im Prinzip sind es wirklich alle Themen die mit „Selbst-" anfangen.

Die wenigsten Einser bekommen es allerdings hin diese Themen perfekt zu leben, doch genau das ist ihre Aufgabe.

Die Einser möchten lernen sich in ihrer Einzigartigkeit zu lieben, sich selbst zu vertrauen, ihren eigenen Wert zu erkennen. In ihr ICH BIN zu kommen.

Wenn die Eins negativ gelebt wird, dann leidet sie oft an ihrem Egoismus, ist dickköpfig, stur, gefühllos, verletzend und arrogant. Dann zieht sie ihr Ding durch, ohne Rücksicht auf Verluste, auch wenn es sichtlich daneben gehen muss. Was zur Folge hat, dass sie sich viel Ärger und Probleme einhandelt. All diese Dinge können zur EINSamkeit führen.

Für eine positive Eins, die geistig sehr hoch entwickelt ist, das heißt, für die Einser, welche die Themen wie Selbstliebe, Selbstwertgefühl, Selbstvertrauen usw. gelernt haben zu integrieren, stehen viele Türen offen. Sie ist dann sehr eigenständig, steht mit beiden Beinen im Leben und ist der erfolgreiche Regisseur ihres Lebens.
Ihr abstraktes Denken sowie auch ihr analytischer und scharfer Verstand bringen sie oft weiter, wenn andere schon aufgegeben haben. Sie ist der Pionier, der Anführer, der sicher und vertrauensvoll wirkt. Sie hat Mut und Entschlossenheit und einen sehr guten Forschergeist. Es gibt für die Eins kein Problem, welches man nicht lösen kann.

Wenn du Einser in deinem Code hast ist es oft schwer für dich diese positiven Seiten zu entwickeln, weil du dann Angst davor hast zu egoistisch zu sein und weil du denkst, du hättest es nicht verdient. Und oft ist es für dich sehr schwierig diese positiven Seiten zu leben, weil du dir selbst nicht vertraust und dich nicht liebst.

Übrigens hat „nach sich selber schauen" nicht unbedingt etwas mit Egoismus zu tun. Du darfst natürlich nach dir selber schauen. Wer ist denn der wichtigste Mensch in deinem Leben? Dein Mann, deine Frau, dein Kind…nein! **Du** bist der wichtigste Mensch in deinem Leben und dann kommt erst mal lang gar nichts. Wenn es dir nämlich nicht gut geht, dann hat keiner was von dir. Also, wenn du für andere da sein möchtest, kein Problem, da musst du allerdings erst mal nach dir schauen. Wenn es dir nämlich nicht gut geht, kannst du auch nicht für andere da sein. Logisch, oder?

Schau einfach etwas mehr auf dich, lass es dir gut gehen, konzentriere dich auf das, was dir gefällt und was dir Spaß macht. Wenn es dir gut geht, geht es den Menschen um dich herum automatisch auch gut. Das wäre der erste Schritt.

Dann vertraue dir selbst mehr. Wir hatten das Thema gerade bei der Zwei. Arbeite mit dem Lichtkristall MONA´OHA*.

Dann lerne dich zu lieben. Schreibe dir mit einem Stift auf den Spiegel Affirmationen wie:

- ICH BIN es wert geliebt zu werden!
- ICH BIN vollkommen!
- ICH BIN klasse so wie ICH BIN!
- ICH BIN die ICH BIN!
- ICH BIN Liebe! Ich liebe dich!

ICH BIN – Sätze sind wie Zaubersätze oder Neuprogrammierungen. Programmiere dich neu!

Und morgens, wenn du dann verschlafen am Spiegel stehst und diese Sätze deinem eigenen Spiegelbild erzählst, dann kommst du dir am Anfang richtig bescheuert vor, das ist ganz normal. Doch je öfter du es machst, desto glaubhafter wirst du für dich selber und dann läuft irgendwann das neue Programm.
Zusätzlich kannst du noch mit dem Lichtkristall ELEXIER* (die bedingungslose Liebe) arbeiten. Male ihn dir einfach zu den ICH BIN - Sätzen dazu.

Als nächstes erkenne deinen Wert. Werde dir deiner Selbst bewusst. Was bist du? Bist du ein Mensch nur aus Knochen, Haut und Haaren? Nein, du bist ein hohes energetisches Wesen in einem menschlichen Körper. Das sind wir alle und deshalb sind wir alle gleich viel wert. Keiner mehr und keiner weniger.

Menschen, die versuchen andere Menschen kleiner zu machen, haben mein Mitgefühl. Ich hätte fast gesagt die tun mir leid. Ich will jedoch nicht mit ihnen leiden. Nein, sie haben mein Mitgefühl, sie haben nämlich ganz einfach noch nicht verstanden, dass alle gleich sind.
Wenn mir jemand begegnet, der sich gerade von jemandem hat klein machen lassen, dann hat diese Person auch mein Mitgefühl und ich weise diese Person dann ganz liebevoll darauf hin, dass er ein ganz toller Mensch ist.

Hier kannst du auch sehr gut mit dem Kristall NEKTUM* (Erinnerung) arbeiten. Er erinnert dich daran woher du kommst, was deine Aufgaben sind und daran, wer du wirklich bist.

So, und wenn ich dich jetzt noch einmal frage „Wer ist der wichtigste Mensch in deinem Leben?", schreist du hoffentlich ganz laut **„ICH"**!

Die Eins ist die Idee aus der alles entsteht. Der Punkt aus dem alles gemacht werden kann. Mit der Eins fängt alles Neue an. Sie ist der Anfang aus dem alle anderen Zahlen gemacht sind. Das heißt, in jeder Zahl steckt die Eins drin. In der Zwei 2x, in der Drei 3x usw. Und somit schließt sich der Kreis. Ohne Selbstvertrauen, ohne diesem ICH BIN, wird es schwer die anderen Zahlen perfekt leben zu können.

Wenn wir nun zu der Eins die Neun dazu rechnen bekommen wir die Zehn. Dann schließt sich der Kreis. Dann haben wir das Bewusstsein, damit wir das ICH BIN leben können und dann bekommen wir sogar noch die „göttliche Hilfe" in Form der Null dazu.

Die Null ist für mich die Hilfe aus der Geistigen Welt. All die Engel, Erzengel und anderen lichtvollen Wesen wie Elfen, Pflanzendevas usw. Diese Hilfe steht wie eine Armee ständig um uns herum. Das Dumme ist nur, sie dürfen nur dann helfen, wenn sie gefragt werden und wenn man ihnen die Erlaubnis erteilt hat.

Das heißt manchmal, wenn du eigentlich Hilfe bräuchtest, jedoch mal wieder meinst du bekommst alles alleine hin und dich damit quälst es hinzubekommen, stehen alle Wesen der Geistigen Welt um dich herum und warten auf eine Einladung von dir.

„Au man, warum sagst du denn nichts, warum bittest du uns denn nicht um Hilfe? Wir würden ja gerne helfen, doch wir dürfen nicht ohne dass du uns bittest."

Tja, wenn sie das nämlich tun würden, würden sie in unseren freien Willen eingreifen, und das darf nur einer. Nämlich dein Schutzengel und der auch nur, wenn du meinst vorzeitig abtreten zu wollen und es ist für dich noch nicht die Zeit zu gehen.

Also bitte quäle dich nicht selber. Wenn du Hilfe brauchst, dann bitte deine Engel und Lichtwesen um Hilfe und vor allem gib ihnen die Erlaubnis dir zu helfen. Das heißt jetzt nicht, dass du nur dasitzen brauchst und Däumchen zu drehen hast.

Nein, du kennst doch bestimmt den Spruch: „Helfe dir selbst, dann hilft dir Gott". Das heißt, tu alles was du tun kannst und wenn du gar nicht mehr weiter weißt und alles mögliche schon versucht hast, dann bitte um Hilfe und dann wird dir auch geholfen!

Der Kreis ist geschlossen. Alle weiteren Zahlen wie die Elf, die Zwölf, die Dreizehn usw., alle mehrstelligen Zahlen geben in ihrer Quersumme wieder eine einstellige Zahl zwischen 1 und 9, welche uns dann ihre Erfahrungen und Geschichten erzählen.
Es gibt allerdings unter den mehrstelligen Zahlen Meisterzahlen. Meisterzahlen sind die 11, die 22, die 33 usw. Dies sind sehr hohe Zahlenschwingungen, welche hier als Mensch noch sehr schwer zu leben sind. Diese Zahlen werden jedoch normalerweise nicht zu einstelligen Zahlen reduziert. Eine der wichtigsten Meisterzahlen für uns Menschen ist die Elf. Die Energien sind in der Zwischenzeit so hoch, dass wir Menschen nun in der Lage sind auch die Elf als Elf und nicht als Zwei zu leben. Deshalb möchte ich dir diese Zahl auch noch vorstellen.

Meisterzahlen verlangen Meisterhaftes von einem. Sie verlangen von dir deine Meisterschaft zu leben. Wenn du einer Meisterzahl Meisterhaftes gibst, belohnt sie dich auch mit Meisterhaftem und Wunder können geschehen.

Also schauen wir uns die Elf an!

Die Elf -
Königin, Lichtarbeiter, Leuchtturm

Wie du schon deutlich sehen kannst besteht die Elf aus zwei Einsern. Erinnerst du dich? Ein Einser war ein Chef von einer großen Firma, richtig? Dann muss bei zwei Einsern dieser Chef wohl doppelt so gut gelebt werden. Man könnte auch sagen: Wenn ein Einser ein Chef von einer großen Firma ist, dann ist ein Elfer ein König von einem großen Land. Ich denke, du merkst was ich meine, oder?

Schauen wir uns mal so einen König oder eine Königin an. Ich schreib jetzt einfach in der Form der Königin weiter. Solltest du ein Mann sein, welcher das hier jetzt liest, ersetze es bitte für dich passend. Ich möchte niemanden geschlechtlich vorziehen oder benachteiligen, doch für den besseren Lesefluss ist es nötig.

Also stell dir mal vor, du bist eine Königin von einem riesigen Land. So eine Königin, die muss sich selbst lieben, muss ihren eigenen Wert kennen, muss sich ihrer selbst bewusst sein und vor allem muss sie sich selber vertrauen. Tut sie das nicht - was passiert dann? Tja, dann wird sie gestürzt, und dann wird aus der Königin eine Dienerin. Jedoch eine Dienerin, die unfair in der Gegend rumkommandiert wird. Wie lange lässt du dich noch rumkommandieren, wie lange willst du noch Dienstmagd sein? Wenn du dir jetzt eine Antwort überlegst oder gleich antwortest mit „nie wieder, das brauch ich echt nicht mehr", dann hast du garantiert eine Elf in deinem Zahlencode. Doch dann lebst du sie nicht in der hohen Energie der Elf, sondern in der Zwei, jedoch die Zwei, die noch zweifelt!

Dienen ist gar nichts Schlechtes. Dienen ist etwas sehr schönes, lebe es jedoch als Königin. Eine gute Königin - und ich rede jetzt wirklich von einer guten - eine gute Königin schaut erst einmal auf sich selbst. Sie schaut, dass es ihr gut geht, natürlich ohne dabei andere zu verletzen, sie schaut, dass sie sich verwöhnt und sie alles hat was sie braucht. Denn nur wenn es ihr gut geht, dann kann sie ihrem Volk dienen. Und nur dann, wenn sie ihrem Volk gut dienen kann, dann dient das Volk ihr gut. Es ist ein Zusammenspiel, ein Miteinander. So sollte es zumindest sein.

Bitte fange an deine innere Königin oder deinen inneren König zu leben. Keiner der herrschsüchtig und machtgierig ist, sondern einer, der auf sich achtet damit er voll für sein Volk da ist, damit das Volk für ihn da sein kann. Achte auf dich, lass es dir gut gehen, pflege dich und deinen Körper, konzentriere dich auf die Dinge, welche dir Freude machen.

Nur wenn es dir gut geht, haben die Menschen um dich herum auch was davon. Wenn es dir nicht gut geht, kannst du auch nicht 100 %ig für andere da sein. Lass dich auch nicht immer von anderen Menschen bequatschen. Höre ihnen zu, respektiere ihre Meinungen und dass, was sie zu sagen haben, jedoch nimm nur das für dich heraus, wozu dein Herz JA sagt.

Erkenne wer du wirklich bist.
„Ein hohes energetisches Wesen in einem menschlichen Körper, welches genau so viel wert ist, wie jeder andere Mensch hier auf der Erde auch. Welcher genau so Schöpfer von seinem eigenen Leben ist, wie jeder andere Mensch auch."

Lebe ab heute deine innere Königin oder deinen inneren König!

Eine Elf ist für mich jedoch noch etwas anderes. Eine Elf ist für mich wie ein Leuchtturm. Sie stehen am Ufer und zeigen den Seefahrern den Weg. Und oft auch den Weg nach Hause. Sie lassen ihr Licht strahlen, damit die Seefahrer nach Hause finden. Wenn du einen Elfer in deinem Code hast, bist du auch ein Leuchtturm, der sein Licht strahlen lassen kann. Alle Elfer sind für mich Lichtarbeiter. Sie holt den Meister in dir hervor! Sie fordert dich gnadenlos auf dein Potential zu leben.

Die Elf verlangt von dir, dass du dein Licht strahlen lässt. Naja, vielleicht tust du es ja schon. Doch wo stehst du in diesem Leuchtturm? Ganz unten, wo keiner das Licht sieht? Bitte geh die Wendeltreppe ganz hinauf, dahin wo jeder dein Licht sehen kann. Lass es strahlen, gib deine Energie weiter. Nur wenn du es strahlen lässt können andere Menschen es wahrnehmen und diesem Licht folgen. Trau dich!

Wenn die Elf nicht die hohe Schwingung als Elf lebt sondern als Zwei, dann ist die Zwei wie eine sehr gute Sekretärin, die alles kann und ohne die der Chef aufgeschmissen wäre. Sie traut sich nur nicht in die erste Reihe. Doch eine Elf gehört in die erste Reihe, sie gehört ins Rampenlicht auf der Bühne, sie hat ihr Licht strahlen zu lassen.

Ach ja, wer war noch gleich der wichtigste Mensch in deinem Leben? Ich höre jetzt hoffentlich ein ganz lautes **ICH!**

So, und damit das in Zukunft jeder kann hier nun eine Hausaufgabe für dich:
Wenn du mal nichts anderes zu tun hast, dann geh irgendwohin, wo viele Menschen sind. Auf ein Konzert, auf eine Messe oder Ausstellung, oder Samstags ins Einkaufszentrum. Das ist ein wunderschöner Platz für die Übung. Am Besten ist es noch, wenn du dir einen Tag raussuchst, an dem du zu nichts Lust hast und du nicht gut drauf bist. So übelgelaunt läufst du dann durch die Menge Menschen und beobachtest einmal ganz genau, wie diese Menschen reagieren, wenn sie dich sehen. Sind sie freundlich? Lächeln sie dich an? Sehen sie dich überhaupt? Beachten sie dich? Oder sind sie vielleicht unhöflich zu dir? Beobachte einfach mal, wie du auf diese Menschen wirkst.

Wenn du das ca. 5 - 10 Minuten gemacht hast, dann suche dir eine ruhige Ecke. Dann machst du die Übung mit der Lichtkugel. Stelle dir eine weiße Kugel in deinem Herzchakra vor und wenn du nun einatmest stelle dir vor, wie du durch dein Kronenchakra weißes Licht einatmest. Beim Ausatmen stellst du dir dann vor, wie du dieses weiße Licht in die Kugel hineinatmest. Dabei wird die Kugel immer größer. Wenn die Kugel dann so groß ist, dass du darin stehen kannst, sage zu dir selbst:
„ICH BIN erfüllt, ICH BIN erfüllt von ANA* (Licht), ICH BIN ANA* (Licht)."
Das sagst du immer wieder und immer wieder bis du das Gefühl hast, dass du strahlst wie ein Halogenstrahler.
So, und wenn du nun dieses Gefühl wieder hast, dann lässt du durch sämtliche deiner Poren ANA* (dieses Licht) zu den anderen Menschen

fließen. Bei jedem Atemzug fließt neues ANA* (Licht) in dich. So, und jetzt läufst du noch einmal durch die Menschenmenge und beobachtest mal was nun passiert.

Diese Übung sollst du machen um zu erkennen, zu was du fähig bist. Mit dieser Übung kannst du überall die Energie anheben. Egal ob das ein Raum, ein Haus, eine Halle, ein Dorf oder eine ganze Stadt ist. Wenn das jeder jeden Tag machen würde, dann hätten wir vielleicht schon bald eine schönere Welt, oder wie die Esoteriker sagen „den Aufstieg".

Du kannst es. Lass es strahlen, sei ein Leuchtturm und weise den Menschen, welche die Richtung noch nicht kennen, welche noch etwas orientierungslos sind, den Weg.

Den Weg des Lichts, des Vertrauens und der Liebe!

Visualisiere NEKTUM* (Erinnerung) und erkenne wer du wirklich bist. Ein göttliches energetisches Wesen in einem menschlichen Körper. Erinnere dich daran, dass du ein OM TAT SAT* (Lichtarbeiter) bist und welche Aufgabe du in dir trägst.
Erfülle deine Aufgabe!

Ich habe einen Traum

Ich habe dir jetzt alle meine Freunde „die Zahlen" vorgestellt. Ich habe dir erzählt, wie ich sie sehe und was sie für Botschaften für uns haben. Vielleicht habe ich dir auch für dies und das eine neue Sichtweise gegeben. Wenn wir uns wieder selbst erkennen als den Menschen mit dem Code von 1-9 und wir lernen diese Botschaften zu leben und zu integrieren, dann denke ich, erinnern wir uns wieder an unsere Aufgabe hier, erinnern wir uns wieder an unser ICH BIN und sind wieder fähig unser Leben so zu kreieren, wie wir es gerne hätten.
Wie gesagt, am Anfang, als Baby, wussten wir alle noch unseren Code und unsere Aufgabe. Als wir dann auf die Welt kamen, da kam Papi und Mami, Opa und Oma, die Kindergärtner und die Lehrer usw. und jeder wollt das Beste von uns und machte uns vielleicht unbewusst zu einem Teil seiner Geschichte. Wir sollten aber unsere Geschichte, unsere Aufgabe leben.

Stelle dir einmal deinen Körper vor. Wenn jede einzelne Zelle weiß was sie zu tun hat funktionieren die Zellen alle wunderbar. Wenn alle Zellen wunderbar funktionieren, dann ist dein Körper gesund, nicht wahr? Wenn die Zellen jedoch andere Informationen bekommen und auf einmal was ganz anderes machen als sie eigentlich tun sollen, dann funktioniert die Zelle auf einmal nicht mehr und der Körper wird krank, oder?

Jetzt stelle dir einmal unsere Mutter Erde vor. Und stelle dir vor, dass jeder Mensch eine Zelle dieser Mutter Erde ist. Wie wir alle wissen ist die Erde gerade ziemlich krank. Ist ja auch kein Wunder. Irgendwie hat ja auch keiner mehr die Möglichkeit das zu tun, was er tun soll, weil er es vielleicht einfach abtrainiert bekommen hat, oder vergessen hat, oder weil die Gesellschaft einem einfach nicht die Möglichkeit dazu gibt.

Und jetzt stelle dir vor, dass jede einzelne Zelle (jeder einzelne Mensch) wieder das tut was er hier zu tun hat und nichts anderes. Dass jede einzelne Zelle (Mensch) wieder richtig funktioniert.

Dann haben wir eine Mutter Erde, die wieder gesund ist und vielleicht sogar das Paradies!

Wenn jeder das tun würde was er am Besten kann, hätte jeder Arbeit, hätte sogar Spaß an der Arbeit und es wäre ein Miteinander.
Dazu muss die Struktur, die wir jetzt jedoch haben, zusammenbrechen. Alles, was jetzt nicht mehr ehrlich und authentisch ist, bricht zurzeit ganz einfach zusammen oder wird aufgedeckt, egal in welchem Bereich. Lügen und Unehrlichkeit werden keinen Bestand mehr haben. Deshalb verlieren viele gerade ihren Job, der ihnen sowieso nicht gefallen hat, oder Partnerschaften gehen zu Ende, welche eh nicht mehr funktioniert haben. Oder dein Körper zeigt dir in der Form einer Krankheit, dass du nicht das tust für was du hier bist.

Es wird uns noch mehr gezeigt werden, darauf kannst du dich verlassen. Es wird noch richtig spannend hier. Doch wenn du den Zahlen zuhörst und die Botschaften versuchst in dein Leben zu integrieren, dich an das erinnerst was du bist und was du für eine Aufgabe hast, wird es vielleicht für alle etwas einfacher.
Ich höre nicht auf die Menschen an ihren eigenen Code zu erinnern. Daran, wer sie wirklich sind. Ich höre nicht auf sie an ihre Fähigkeiten und Aufgaben zu erinnern. Vielleicht bin ich ein Scanner für diesen Code. Das ist meine Aufgabe, die Menschen an ihren Code und sich selbst und an ihre Aufgabe zu erinnern.

Ich kann einen Weg aufzeigen, ich kann es vormachen, ich kann Tipps geben und mit Hilfen zur Seite stehen. Doch diesen Weg kann ich nicht für dich gehen, den darfst du selbst beschreiten.
Dies mache ich in Einzelberatungen, in Vorträgen und in Seminaren. Und ich hoffe ich erreiche ganz viele Menschen und kann ganz viele an ihre Aufgaben zurückerinnern, nämlich diese, aus der Erde wieder ein Paradies zu machen.

Bitte, sag Ja zu deiner Aufgabe, zu deinem Schicksal, zu deinem ICH BIN. Geh in die Absicht es einfach zu tun und mach dir keinen Kopf darüber wie. Alles, was du dafür brauchst wird dir auf deinen Weg gelegt. Hauptsache du gehst in die Absicht es zu tun.

Ich möchte wieder in einer Welt ohne Machtmissbrauch, ohne Krieg und Streit, ohne Lügen und Ungerechtigkeit leben. Ich möchte wieder Frieden, Harmonie, Liebe und ein Miteinander, so wie vor langer Zeit in Lemuria. **Ich habe Heimweh! Du auch?** Zusammen könnten wir es schaffen!

Die Lichtkristalle -
Kristalle aus der Wirklichkeit

Hier eine kurze Erklärung über die Entstehung der Lichtkristalle.

WAS SIND LICHTKRISTALLE?

Die Kristalle stammen aus der Zeit des alten Atlantis. Sie sind die Kristalle der Wirklichkeit. Sie besitzen höchste Energie und stammen aus dem höchsten Licht. Jeder Kristall hat ein eigenes Bewusstsein und ist einer Gottheit zugeordnet. Außerdem entspricht jeder Kristall in seiner Schwingung einer bestimmten Zahl, da auch Zahlen ein Bewusstsein haben. Allerdings verhalten sich die Zahlen aus der Wirklichkeit noch etwas anders als die hier in unserer Illusion, in unserer Realität.

Die Kristalle existieren tatsächlich in einem noch nicht entdeckten Raum, der sich in der Pyramide von Gizeh befindet.

WIE WIRKEN DIE LICHTKRISTALLE?

Da die Kristalle aus der Wirklichkeit stammen, sind sie neutral, d.h. sie unterliegen keiner Wertung oder kollektiven Gedanken. Die Wirkung der Kristalle ist rein und nicht manipulativ. Sie sind reine Liebe. Sei dir immer der hohen und göttlichen Energie bewusst, wenn du mit den Kristallen arbeitest. Je häufiger du mit den Kristallen arbeitest, desto mehr wirst du spüren, wie kraftvoll und stark die Kristalle sind.

WIE KAMEN DIE LICHTKRISTALLE HIERHER?

Sabine – Sangitar Wenig ist ein Hörmedium, was sehr selten ist. Ein Hörmedium nimmt Dinge so war, als wenn ich jetzt mit dir persönlich sprechen würde. So konnten die Kristalle genauestens mit ihren Schwingungsnamen und auch Zahlenschwingungen durchgegeben werden. Sie wurde mit der Aufgabe betraut die Kryonschule ins Leben zu rufen und unter anderem uns diese Kristalle zu bringen, damit sie der Menschheit zur Verfügung gestellt werden können.

In meiner Ausbildung in der Kryonschule habe ich gelernt mit den Kristallen umzugehen. Sie waren allerdings schon lange vor dieser Ausbildung durch „Zufall" in meinem Leben. Ich habe eine sehr große Verbindung zu diesen Kristallen und bin dankbar, dass sie als Helfer mein Leben begleiten. Danke auch Sabine – Sangitar, dass sie diese Kristalle in unsere Zeit gebracht hat und wir damit arbeiten können. Die Kristalle kann jeder verwenden und weitergeben. Je mehr Menschen damit arbeiten, desto besser. Es gibt ein Booklet von der Kryonschule, in dem alle Kristalle beschrieben sind mit all ihren Schwingungen.

Ich habe für dich einige der Kristalle herausgesucht, die man sehr schön im Alltag benutzen kann und habe sie in der Anwendung einfach beschrieben.

WIE GEHE ICH MIT DIESEN KRISTALLEN UM?

Wenn du mit den Kristallen arbeitest, zentriere dich zu erst mit AVATARA* und versuche dann deine Chakren zu vereinigen. Das gelingt dir am Besten, wenn du dir die Chakren als Kugeln vorstellst, die alle ineinander rutschen und in deinem Herzchakra dann eine große Kugel bilden. Dann atme diese Kugel groß und dehne dich darin aus. Dies ist zum Einen wie ein geschützter Raum und zum Zweiten arbeitest du dann rein aus deinem Herzen heraus.

Wenn dir das zu kompliziert ist, dann bitte Erzengel Chamuel darum dich in dein vereinigtes Chakra zu führen, gehe in die Absicht, dass es so ist und dann ist es auch so.

Aus diesem vereinigten Chakra heraus kannst du die Kristalle über Zeit und Raum überall hinschicken.
Du kannst sie visualisieren uns sie durch dich durchschwingen lassen, kopieren, ausschneiden, dein Wasser, Räume und Gegenstände damit energetisieren. Was ich gerne mache ist, sie mit Window-Colour-

116

Farben zu malen und sie dann auf mein Trinkglas oder meine Fensterscheibe zu kleben. Am Trinkglas energetisieren sie das Wasser und wenn sie an der Fensterscheibe kleben fühle ich mich vor den kollektiven Energien (in denen leider immer noch sehr viel Angst und Leid ist) etwas geschützt. Folge einfach deiner Intuition, du kannst gar nichts falsch machen.

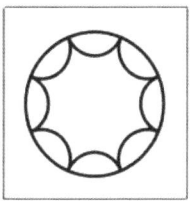

OMAR TA SATT ~ Gruß der Lichtarbeiter
Nimm jeden Menschen so an wie er ist. Gehe aus der Bewertung heraus und erinnere dich daran, dass andere Menschen dein Spiegel sein können.

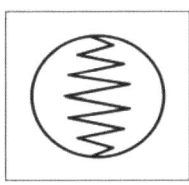

ANA ~ Licht
Es werde Licht auf Erden.
Stelle dir vor, dass ANA in jede Zelle deines Körpers fließt. Es werde Licht in dir, damit du es nach außen tragen kannst.

MONA´OHA ~ Vertrauen
Vertrauen ist der erste Schritt zur Selbstliebe.
Zu verwenden, wenn du Schutz brauchst oder viel am Zweifeln bist; wenn Ängste dich überfallen. Erkenne, dass alles was geschieht seinen Grund hat und dieser Grund dient zu deinem höchsten Wohle.

AN´ANASHA ~ Dankbarkeit
Werde dir bewusst was alles ist (oder was du alles hast) und sei dankbar dafür. Unterstützt dich dabei tief aus dem Herzen heraus dankbar zu sein, für alles was ist...

ARIS ~ Erdung

Bringt dich ins hier und jetzt, stabilisiert dein Emotionalkörper. Für die Erdung; Nur wer gut verwurzelt ist, dem können Flügel wachsen. Schwächt Lichtkörpersymptome ab.

AVATARA ~ Zentriertheit

Führt deine Seele zur Ruhe, im hier und jetzt sein. Zentriert dich und bringt dich in deine Mitte.

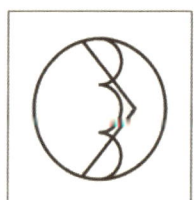

ATRANA ~ Reine Gefühle

Löst Unbehagen, Misstrauen und bringt Klarheit. Unterstützt dich dabei deine Gefühle zu spüren ohne sie zu bewerten...

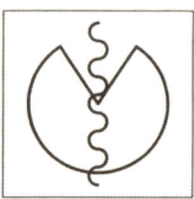

MOHA´RA ~ Reine Gedanken

Lerne bewusst zu denken und mache dich frei von Wertung. Unterstützt dich dabei ohne Bewertungen zu denken und in der Neutralität zu sein...

OSAM ~ Heilung

Unterstützend zur Heilung auf allen Ebenen des Seins...Heilt all deine Wunden in all deinen Körpern.

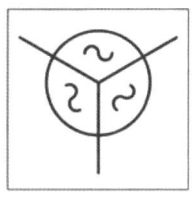

TARADOS ~ Frieden

Wenn Du aus Deiner Mitte gefallen bist, aufgewühlt, erregt oder zornig bist, gehe mit AVATARA in Deine Mitte, und spüre den tiefen Frieden, der in Dir wohnt. Sehr gut nach einem Streitgespräch, bringt Frieden...Unterstützt in der Neutralität zu sein...

ELEXIER ~ Bedingungslose Liebe

Diese Liebe kommt aus der Absicht des Herzens und kann alles bewirken.
Mit ELEXIER ist alles verbunden.

TANA´ATARA ~ Gelassenheit

Dieser Kristall bringt Dir Ruhe, Gelassenheit, Ordnung, Überblick und Verständnis in jeder Situation. Unterstützt dabei Gelassenheit zu spüren; ein Juwel für alle gestressten Mütter.

MONASH ~ Geborgenheit

Der Kristall bringt Schutz, Vertrauen, Sicherheit und Einkehr in die eigene Göttlichkeit
Lass dich fallen du bist beschützt und behütet...

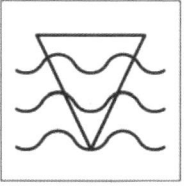

PRADNA ~ Kraft

Fühle die Kraft, die Dir aus der Wirklichkeit zuströmt.
Unterstützt dich dabei zu deiner inneren Kraft und göttlichen Macht zu gelangen...

ELOO ~ Widerstand transformieren

Zweifel, Angst, Unlust, Ärger, Zorn und Wut neutralisieren. Unterstützt Blockaden oder Widerstände im inneren oder äußeren in Liebe zu transformieren...

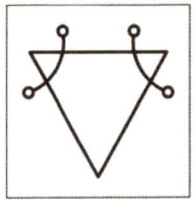

EL´GOTSHA ~ Loslassen

Lösen von allem was dich bindet, von Ängsten, Zweifeln, Widerständen und Beziehungen. Unterstützt das Loslassen von Problemen, Ängsten, Widerständen, Zweifel...

ONAR ~ Ruhe

Unterstützt dich dabei deine innere Ruhe zu bewahren...wirkt beruhigend bei unruhigen Kindern...

ENA ~ Vergebung

Hilft zu vergeben und zu erkennen, das alles was bisher in deinem Leben geschehen ist deinem Wachstum dienlich war. Sende AN´ANASHA und ENA zu den Erlebnissen oder Menschen.

JAWES ~ Schöpferkraft

Erkenne das DU Schöpfer bist!
Visualisiere JAWES und sprich: „Kraft JAWES ordne ich an, dass ab sofort alles zu meinem höchsten Wohle geschieht und ich Fülle, Reichtum und menschliche Liebe in meinem Leben finde, AN´ANASHA

DITRASO ~ Entscheidung
Zentriere dich mit AVATARA und gehe aus allen Bewertungen heraus. Visualisiere DITRASO und fühle den Kristall. Er wird dir zeigen welche Entscheidung deinem höchsten Wohl dient.

NEKTUM ~ Erinnerung
Erinnere dich daran wer du bist, was du bist und was du hier zu tun hast. Visualisiere NEKTUM und du wirst fühlen und wissen, wer du in Wirklichkeit bist.

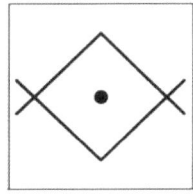

OM TAT SAT ~ Lichtarbeiter
Du bist ein OM TAT SAT und hast eine Aufgabe. Visualisiere OM TAT SAT und dein Potential in dir wird dir aufgezeigt. Nimm es Dankbar an. Erfülle deine Aufgabe!

Quellverzeichnis

- „Die Heilkraft der Engel" - Doreen Virtue (Ullstein Verlag, 1. Auflage 2004)
- „Dein Leben im Licht: Heilung durch Selbsterkenntnis" - Doreen Virtue (Allegria 2004)
- „Medizin der Engel" – Doreen Virtue (Allegria 2005)
- „Wie oben, so unten ~ Die Sieben Gesetze des Lebens" – Doreen Virtue (Koha 1. Auflage 2006)
- „The law of Attraction ~ Das kosmische Gesetz hinter >>The Secret<<„ - Esther & Jerry Hicks (Allegria 1. 2008)
- „Die Indigo Kinder ~ Eltern aufgepasst…" - Lee Carroll & Jan Tober (Koha 11. Auflage 2008)
- „Die Reise nach Hause: Eine Kryon-Parabel" - Lee Carroll, Kryon und Melina Taeuber (Koha 1. Auflage 2000)
- „Gespräche mit Gott Band 1: Ein ungewöhnlicher Dialog" - Neale Donald Walsch und Susanne Kahn-Ackermann – (Arkana TB 2006)
- „Ich bin das Licht!: Die kleine Seele spricht mit Gott" - Neale Donald Walsch, Frank Riccio und Hans-Jürgen Maurer (Edition Sternenprinz 1999)
- „Beziehungen: Wegweisungen für den Alltag" - Neale Donald Walsch und Susanne Kahn-Ackermann – (Arkana 2000)
- „The Children of Now ~ Gespräche mit den neuen Kindern" – Meg Blackburn Losey (Amra 2008)
- „The Children of Now ~ Kristallkinder, Indigokinder, Sternenkinder…" - Meg Blackburn Losey (Amra 2008)
- „Vom Abenteuer, als Indigo- oder Kristallmensch zu leben" - Celia Fenn (Amra 2007)
- „Indigo-Erwachsene" - Kabir Jaffe und Ritama Davidson (Amra 2008)
- „Der Indigo-Ratgeber" - Carolina Hehenkamp (Schirner 2006)
- „Zahlenmystik: Das Handbuch der Numerologie" - Faith Javane und Matthias Schossig (Goldmann 1995)
- „Das große Buch der Numerologie" - Helyn Hitchcock und Kamala Kiel (Goldmann 1999)

- „Die Prophezeiungen von Celestine" - James Redfield und Olaf Kraemer (Allegria 2004)
- „Die zehnte Prophezeiung von Celestine" - James Redfield und Mascha Rabben (Ullstein 2004)
- „Das Geheimnis von Shambhala" - James Redfield (Allegria 2004)
- „Die zwölfte Prophezeiung von Celestine" - James Redfield (Allegria 2011)

Weitere Titel aus unserem Programm

Walter A. Posch
Die Revolution - MatrixQuantenPower
978-3-89575-153-0 / Hardcover / 144 Seiten
MatrixQuantenPower ist die ultimativ neue Technik auf dem Gebiet der Quantenheilung und Matrix-Energie mit der man auf einfache und spielerische Weise lernt seine Selbstheilung zu aktivieren. MatrixQuantenPower ist der Schlüssel zu einem Leben in absoluter Vollkommenheit - ohne Probleme und Sorgen!

Dick Hellwich / Rolf Mihm
Erwecke die Pendelkraft in Dir
978-3-89575-124-0 / Paperback / 96 Seiten
Die Autoren führen behutsam Schritt-für-Schritt in die „Geheimnisse" des Pendelns ein. Ein Buch nicht nur für Einsteiger. Selbst der Fortgeschrittene wird eine Menge neuer und interessanter Erkenntnisse erlangen.

In praxisorientierter Spiralbindung. Mit Sonerteil: Entdecke deine früheren Leben.

Dr. Joseph Murphy
Glück und Reichtum - ein Leben lang
978-3-89575-055-7 / Taschenbuch / 88 S.
Glück und Reichtum - sowohl innerlich als auch äußerlich müssen durchaus kein Wunschtraum sein. Der weltbekannte Lebenslehrer weist den Weg und gibt viele hilfreiche Ratschläge zur Umsetzung.

Dr. Joseph Murphy - ein Klassiker der esoterischen Literatur!

Cornelia Geiger
Räucher-Fibel
978-3-89575-151-6 / Paperback / 105 Seiten
Mit diesem liebevoll gestalteten Sammel-
und Nachschlagewerk finden Sie immer die
richtige Pflanze für die entsprechende
Räucherung.
Mit dem übersichtlichen Sammelkalender
finden Sie zu jeder Jahreszeit die richtige
Pflanze.
Ein Sachwortverzeichnis hilft beim schnellen
Nachschlagen.
Tauchen Sie ein in die Welt und Wirkung der Pflanzen mit diesem
Räucher-Ratgeber der besonderen Art.

Manfred Ullmer
Erkenntnisse für alle Lebenslagen
978-3-89575-127-1 / Paperback / 160 Seiten
Inspirierende, tiefgreifende und lyrische
Sprüche und Gedichte zusammengefasst in
einem einzigartigen Buch.
Manfred Ullmer hat die schönsten Gedichte
und Weisheiten vereint - von Hermann
Hesse bis zu Weisheiten aus alten Natio-
nen.

Sylvia Barbanell
Wenn Deine Tiere sterben
978-3-89575-070-0 / Hardcover / 256 Seiten
Die zusammengeführten Kurzgeschichten
über die den Tod überdauernde Liebe zwischen Mensch und Tier berühren nicht nur
das Herz, sondern auch die Seele.
Die Geschichten zeigen, dass Tiere auch
eine Seele haben und ihre Liebe grenzenlos
ist. Ein fantastisches Buch!

Werner Giessing
Erwecke die Kraft des Handlesens in Dir
978-3-89575-148-6 / Hardcover / 242 Seiten
Wer möchte nicht mal in die Zukunft schauen oder seine wirklichen Talente entdecken, die man oft durch den rationalen Verstand nicht sieht und somit sich selbst in seiner Weiterentwicklung behindert?
Über 150 Zeichnungen und Fotografien ergänzen den Text, so dass die Kunst des Handlesens kein Geheimnis mehr bleibt.

Rajah von Aundh
Das Sonnengebet
978-3-89575-096-0 / Taschenbuch / 96 S.
Yoga- bzw. Körper- und Atemübungen die jeder - egal welchen Alters - ausüben kann. Die Übungen beanspruchen nicht nur einen einzenen Teil des Körpers, sie wirken auf jede Zelle und jede Sehne, verleichen neue Kraft und Harmonie.

Estelle Stead
Die blaue Insel
978-3-89575-071-7 / Taschenbuch / 102 S.
Ein faoziniorondor Borioht übor dac Woitor leben nach dem Tod.
Das Buch gibt Antwort auf die Frage, ob und in welcher Form es ein Weiterleben nach dem Tode gibt.
Der romanhafte Stil lässt einen das Buch in einem Zug durchlesen.

Besondere Titel für Kinder und Jugendliche

Peter Conradi
Die Umweltdetektive
Bd 1 - In schwindelnder Höhe
978-3-89575-036-6 / Hardcover / 172 S.
Bd 2 - Dicke Luft im Lehrerzimmer
978-3-89575-037-3 / Hardcover / 172 S.
Die Helden der Jugendbuchreihe für 13-
und 14jährige Schülerinnen und Schüler
kämpfen gegen Umweltdelikte.

Hendrik Nachtsheim
**Als Obst und Gemüse die Stadt
überfielen**
978-3-89575-078-6 / Hardcover / 34 S.
Kaum zu glauben, was die kleine Lisa da
erlebt. Da gärtnern zwei Nachbarn ehrgeizig
um die Wette und treiben es dank künstlichen
Super-Düngern so weit, dass Obst und
Gemüse sich schließlich selbständig machen
und zu guter Letzt auch noch die Stadt
überfallen.

Hendrik Nachtsheim
Leo Leichtsinn
Bd 1
978-3-89575-076-2 / TB / 120 S.
Bd 2 - Ein prima Entenvater
978-3-89575-077-9 / TB / 120 S.
Ein Bestseller der „alternativen" Ju-
gendbücher.
Eines der ersten Werke des berühmten
Comedians, Musikers und Autors.